Controladoria

Central de Qualidade – FGV Online
ouvidoria@fgv.br

Publicações FGV Online

COLEÇÃO **GESTÃO FINANCEIRA**

Controladoria

Betovem Coura

Alexandre Pavan

Copyright © 2014 Betovem Coura, Alexandre Pavan

Direitos desta edição reservados à
EDITORA FGV
Rua Jornalista Orlando Dantas, 37
22231-010 – Rio de Janeiro, RJ – Brasil
Tels.: 0800-021-7777 – 21 3799-4427
Fax: 21 3799-4430
editora@fgv.br – pedidoseditora@fgv.br
www.fgv.br/editora

Impresso no Brasil/*Printed in Brazil*

Todos os direitos reservados. A reprodução não autorizada desta publicação, no todo ou em parte, constitui violação do copyright (Lei nº 9.610/98).

Os conceitos emitidos neste livro são de inteira responsabilidade dos autores.

1ª edição – 2014 ; 1ª reimpressão – 2015.

Preparação de originais: Tatiana Bernacci Sanchez
Editoração eletrônica: FGV Online
Revisão: Beatriz Sobral Monteiro, Milena Clemente de Moraes e Fernanda Mello
Capa: Aspectos
Imagem da capa: © Gunnar3000 | Dreamstime.com
© Tombaky | Dreamstime.com

Coura, Betovem
Controladoria / Betovem Coura, Alexandre Pavan. – Rio de Janeiro: Editora FGV, 2014.
280 p. – (Gestão financeira (FGV Online))

Publicações FGV Online.
Inclui autoavaliações, vocabulário e bibliografia comentada.
ISBN: 978-85-225-1482-3

1. Controladoria. 2. Controle organizacional. 3. Preços – Transferência. I. Pavan, Alexandre. II. FGV Online. III. Fundação Getulio Vargas. IV. Título.

CDD – 658.151

SUMÁRIO

Apresentação	**9**
Publicações FGV Online	**11**
Introdução	**15**
Módulo I – Sistemas de controle gerencial	**17**
Introdução teórica	20
Contabilidade e controladoria	20
Faturamento, lucro e resultado positivo	20
Medição de resultados	22
Descentralização	23
Governança corporativa e *accountability*	24
Escândalo financeiro	24
Lei Sarbanes-Oxley	24
Governança corporativa	25
Accountability	26
Estudo de caso	29
Empresa como sistema aberto	32
Sistema aberto, eficiência e eficácia	32
Seis subsistemas	33
Controle gerencial: planejamento estratégico e orçamento	37
Avaliação dos programas	38
Empresa aérea	39
Regulamentos e políticas da empresa	39
Resumo do processo	40
Controller	41
Funções do *controller*	41
Controller e a unidade	42
Comportamento nas organizações	43
Objetivo dos sistemas de controle	43

Problema da agência	44
Tipos de estrutura organizacional	45
Estrutura de sistema de controle	45
Contas e centros de responsabilidade	50
Eficiência e sistema organizado	50
Centros de custo	53
Centros de receita, de resultado e de investimento	53
Comparação – centros de responsabilidade	54
Autoavaliações	**57**
Módulo II – Preços de transferência	**63**
Discussão orçamentária	66
Discussão simples e discussão complexa	66
Incongruência de objetivos	66
Preço de transferência	67
Preço de transferência baseado no mercado	69
Definição do método	69
Melhora dos modelos de controle	73
Modelo melhor	74
Preço de transferência baseado em custos	75
Markup	75
Monopólio e concorrência	79
Apuração de custos	79
Preço de transferência negociado	80
Valores inferiores e superiores	80
Funcionamento	81
Preço de transferência duplo	86
Eficiência *versus* eficácia	86
Modelo de preço duplo	87
Activity based costing (ABC)	94
Outra técnica de gestão	94
Drivers	96
Departamento de recursos humanos	97
Uso do ABC	99
Departamento financeiro	101
Preparação do sistema contábil	103

Autoavaliações	**105**

Módulo III – Análise de desempenho de relatórios financeiros	**111**
Metodologias de análise	114
Duas formas de análise	114
Mudança na estrutura e fatores importantes	115
Normalização de relatórios econômicos	116
Ciclo de vida	116
Orçamento e ferramentas de controle	116
Colaboradores motivados	119
Evolução financeira da empresa	119
Crescimento nominal *versus* real	119
Análise de balanços	123
Segmentação dos efeitos	128
Variações possíveis	128
Exemplo intuitivo – açougue da família Vargas	130
Exemplo com mais produtos	132
Impacto na receita	134
Variação do preço (ΔP)	134
Efeito *mix*	137
Variação de quantidade (ΔQ)	138
Variação do *mix* (ΔM)	142
Mercado e ganho de *market share*	143
Variação da receita (ΔMKT)	145
Impacto do ganho de *market share*	147

Autoavaliações	**149**

Módulo IV – *Balanced scorecard*	**155**
Implementação e gestão estratégica	158
Desempenho e gestão	158
Gestão da estratégia	160
Plano estratégico	161
Definição dos objetivos estratégicos	164
Estudo do *balanced scorecard*	164
Sistemas contábeis	164
Balanced scorecard	165

Medidas financeiras e objetivos financeiros 167

Perspectiva dos clientes 168

Conjuntos de medidas 169

Perspectiva dos processos internos 172

Perspectiva de aprendizagem e crescimento 173

Satisfação dos funcionários 174

Construção do *balanced scorecard* 175

Mapa estratégico 175

Construção de painéis estratégicos 179

Fins lucrativos 182

Indicadores de desempenho 182

Desenvolvimento de indicadores 182

Construção e tipos de indicador 188

Desdobramento da estratégia 191

Tradução dos painéis estratégicos 193

Autoavaliações 197

Vocabulário 203

Autoavaliações – Gabaritos e comentários 243

Módulo I – Sistemas de controle gerencial 245

Módulo II – Preços de transferência 253

Módulo III – Análise de desempenho de relatórios financeiros 259

Módulo IV – *Balanced scorecard* 265

Bibliografia comentada 271

Autores 273

FGV Online 275

Apresentação

Este livro faz parte das Publicações FGV Online, programa de educação a distância da Fundação Getulio Vargas (FGV).

A FGV é uma instituição de direito privado, sem fins lucrativos, fundada, em 1944, com o objetivo de ser um centro voltado para o desenvolvimento intelectual do país, reunindo escolas de excelência e importantes centros de pesquisa e documentação focados na economia, na administração pública e privada, bem como na história do Brasil.

Em todos esses anos de existência, a FGV vem gerando e transmitindo conhecimentos, prestando assistência técnica às organizações e contribuindo para um Brasil sustentável e competitivo no cenário internacional.

Com espírito inovador, o FGV Online, desde sua criação, marca o início de uma nova fase dos programas de educação continuada da Fundação Getulio Vargas, atendendo não só aos estudantes de graduação e pós-graduação, executivos e empreendedores, como também às universidades corporativas que desenvolvem projetos de *e-learning*, e oferecendo diversas soluções de educação a distância, como videoconferência, TV via satélite com IP, soluções *blended* e metodologias desenvolvidas conforme as necessidades de seus clientes e parceiros.

Desenvolvendo soluções de educação a distância a partir do conhecimento gerado pelas diferentes escolas da FGV – a Escola Brasileira de Administração Pública e de Empresas (Ebape), a Escola de Administração de Empresas de São Paulo (Eaesp), a Escola de Matemática Aplicada (EMAp), a Escola de Pós-Graduação em Economia (EPGE), a Escola de Economia de São Paulo (Eesp), o Centro de Pesquisa e Documentação de História Contemporânea do Brasil (Cpdoc), a Escola de Direito do Rio de Janeiro (Direito Rio), a Escola de Direito de São Paulo (Direito GV) e o Instituto Brasileiro de Economia (Ibre) –, o FGV Online é parte integrante do Instituto de Desenvolvimento Educacional (IDE), criado em 2003, com o objetivo de coordenar e gerenciar uma rede de distribuição única para os produtos e serviços educacionais produzidos pela FGV.

Visando atender às demandas de seu público-alvo, atualmente, o FGV Online disponibiliza:

- cursos de atualização via *web*, com conteúdos fornecidos por professores das diversas escolas da FGV;
- desenvolvimento e customização de cursos e treinamentos corporativos, via *web*, com conteúdos fornecidos pelo cliente ou desenvolvidos pela própria FGV;
- cursos e treinamentos semipresenciais estruturados simultaneamente com metodologias presencial e a distância;
- cursos e treinamentos disponibilizados por videoconferência, *webcasting* e TV via satélite com IP;
- TV corporativa;
- modelagem e gestão de universidades corporativas;
- jogos de negócios via internet;
- material didático multimídia – apostilas, vídeos, CD-ROMs.

Ciente da relevância dos materiais e dos recursos multimídia em cursos a distância, o FGV Online desenvolveu os livros que compõem as Publicações FGV Online – com foco específico em pós-graduação –, com a consciência de que eles ajudarão o leitor – que desejar ou não ingressar em uma nova e enriquecedora experiência de ensino-aprendizagem, a educação a distância (EAD) – a responder, com mais segurança, às mudanças tecnológicas e sociais de nosso tempo, bem como a suas necessidades e expectativas.

Prof. Rubens Mario Alberto Wachholz
Diretor do IDE

Prof. Stavros Panagiotis Xanthopoylos
Vice-diretor do IDE

Publicações FGV Online

Atualmente, a educação a distância (EAD) impõe-nos o desafio de navegar por um mar de tecnologias da informação e da comunicação (TICs) aptas a veicular mensagens em diferentes mídias.

Especificamente no que se refere à produção de conteúdos para EAD, independentemente da mídia a ser utilizada, vale ressaltar a importância de alguns princípios gerais. Um deles é a necessidade de o conteúdo apresentar integralidade, ou seja, estrutura coerente, objetiva e completa, já que, ao contrário da prática presencial, as "entrelinhas" do livro didático ou do arquivo *powerpoint* que subsidia as aulas não poderão ser preenchidas, em tempo real, pelo professor.

A modularidade também é muito importante: materiais modulares são alterados mais facilmente, em função do perfil do público-alvo ou de atualizações de conteúdo. Ademais, a modularidade também é uma importante estratégia para o aumento da escalabilidade da oferta de conteúdos em EAD, visto que a construção de unidades mínimas, autônomas e portáteis de conteúdo – os chamados objetos de aprendizagem (OAs) – favorece a criação de múltiplas combinações, que podem ser compartilhadas por diferentes sistemas de aprendizado.

Outro princípio inclui o planejamento de estratégias para atrair a participação dos estudantes que, em sua maioria, não estão acostumados à disciplina necessária ao autoestudo. Assim, é um erro acreditar que não precisemos investir – e muito – em práticas motivacionais na EAD. Por isso, participação e interação precisam ser estruturadas, por meio de jogos, atividades lúdicas, exemplos que favoreçam o desenvolvimento do pensamento dedutivo... donde a importância da simulação e da variedade para atender a motivações diversas, mantendo, assim, a atenção dos estudantes e diminuindo os índices de evasão na EAD.

Repetição e síntese também são princípios que não devem ser esquecidos. Ao mesmo tempo em que oferecem reforço, compensando distrações no ato de leitura – audição, visualização – dos conteúdos e limitações da memória, favorecem a fixação de informações.

Dentre todos esses princípios, entretanto, talvez o mais importante seja o padrão de linguagem utilizado. O caráter dialógico da linguagem – a interação – é um fator determinante da construção do conhecimento. Desse modo, a linguagem a ser empregada é aquela capaz de destacar a dimensão dialógica do ato comunicativo, e não diminuir a voz do estudante. O tom de conversação, portanto, deve ser preferido ao acadêmico. O uso da 1ª pessoa do discurso, a inserção de relatos, exemplos pessoais, frases e parágrafos curtos, bem como de perguntas constituem algumas das estratégias dos profissionais de criação em EAD para dar à linguagem uma face humana individualizada e reconhecível pelos estudantes.

O desenvolvimento de materiais para EAD baseados na *web* não requer menos cuidados. O mesmo tipo de criatividade presente na elaboração do conteúdo deve estar refletido no *layout* de cada tela/página em que ele estará disponível *on-line*. Legibilidade, acessibilidade e navegabilidade são parâmetros que devem nortear desde a construção do *storyboard* (o desenho inicial) do curso até sua finalização.

Na organização do conteúdo *on-line*, sobretudo, a multiplicidade de recursos à disposição dos profissionais de criação é tão útil como perigosa, demandando excessivo cuidado no uso dos elementos mais aptos a facilitar o aprendizado: imagens fixas e cinéticas (gráficos, esquemas, tabelas, fotos, desenhos, animações, vídeos), *hiperlinks*, textos e sons. Até mesmo os espaços em branco – nas páginas impressas ou *on-line* – representam instantes de silêncio que podem favorecer a reflexão dos estudantes, ou seja, usar tudo e de uma só vez não é sinônimo de eficácia e qualidade.

Por exemplo: não podemos ler e ver, ao mesmo tempo; assim, ou as imagens ilustram os textos ou os textos fornecem legendas para as imagens, o que precisa ser planejado. Por sua vez, *hiperlinks* com sugestões de leituras complementares, comentários, verbetes, endereços para pesquisas em *sites*, etc. precisam constituir uma rede desenhada com critério, capaz de, simultaneamente, facilitar o aprendizado e abrir novos caminhos para o aprofundamento de conteúdos ou criarão um caos por onde, dificilmente, o estudante conseguirá navegar com segurança e eficácia.

Partindo da experiência obtida na construção de materiais didáticos para soluções educacionais a distância, o FGV Online desenvolveu as Publicações FGV Online, que visam oferecer suporte aos estudantes que ingressam nos cursos a distância da instituição e oferecer subsídios para que o leitor possa-se atualizar e aperfeiçoar, por meio de mídia impressa, em diferentes temas das áreas de conhecimento disponíveis nas coleções:

- Direito;
- Economia;
- Educação e comunicação;
- Gestão da produção;
- Gestão de marketing;
- Gestão de pessoas;
- Gestão de projetos;

- Gestão empresarial;
- Gestão esportiva;
- Gestão financeira;
- Gestão hospitalar;
- Gestão pública;
- Gestão socioambiental;
- História e ética.

Portanto, ainda que o estudante, aqui, não tenha acesso a todos os recursos próprios da metodologia utilizada e já explicitada para construção de cursos na *web* – acesso a atividades diversas; jogos didáticos; vídeos e desenhos animados, além de biblioteca virtual com textos complementares de diversos tipos, biografias das pessoas citadas nos textos, *links* para diversos *sites*, entre outros materiais –, encontrará, nos volumes da coleção, todo o conteúdo a partir do qual os cursos do FGV Online são desenvolvidos, adaptado à mídia impressa.

A estrutura de cada volume de todas as coleções das Publicações FGV Online contempla:

- conteúdo dividido em módulos, unidades e, eventualmente, em seções e subseções;
- autoavaliações distribuídas por módulos, compostas por questões objetivas de múltipla escolha e gabarito comentado;
- vocabulário com a explicitação dos principais verbetes relacionados ao tema do volume e utilizados no texto;
- bibliografia comentada, com sugestões de leituras relacionadas ao estado da arte do tema desenvolvido no volume.

Direcionar, hoje, a inventividade de novos recursos para ações efetivamente capazes de favorecer a assimilação de conteúdos, a interação e o saber pensar pode ser, realmente, o desafio maior que nos oferece a produção de materiais não só para a EAD mas também para quaisquer fins educacionais, pois os avanços tecnológicos não param e as mudanças dos novos perfis geracionais também são contínuas.

Para isso, precisamos aprender a viver perigosamente, experimentando o novo... e a inovação provém de quem sabe valorizar as incertezas, superar-se nos erros, saltar barreiras para começar tudo de novo... mesmo a experiência mais antiga, que é educar.

Prof. Stavros Panagiotis Xanthopoylos
Vice-diretor do IDE e
coordenador das Publicações FGV Online – pós-graduação

Profa. Mary Kimiko Guimarães Murashima
Diretora de Soluções Educacionais do IDE e
coordenadora das Publicações FGV Online – pós-graduação

Introdução

Em *Controladoria*, teremos uma visão completa do estudo das ferramentas de controle que auxiliam o gestor na formulação e implementação de estratégias. Essas estratégias devem possibilitar a conversão do plano estratégico em medidas administrativas e operacionais que criem valor para a empresa.

No mundo atual, a competitividade e a velocidade das mudanças são brutais e as empresas reportam resultados percentuais de um dígito – e não mais de dois, como no passado. Com isso, o estudo da controladoria, área da empresa responsável por criar mecanismos de obediência à estratégia, torna-se fundamental para o desenvolvimento de sistemas gerenciais que forneçam um rápido *feedback* aos gestores sobre o desempenho econômico de produtos, processos, unidades de negócios, relacionamentos com clientes e fornecedores. O desenvolvimento desses sistemas visa trazer vantagem competitiva relevante nesse cenário.

Controladoria tem o objetivo de proporcionar ferramentas de controle que possam ser úteis no apoio à tomada de decisão, visando dar suporte às escolhas que gerem valor para a empresa, propósito maior dos tomadores de decisão. Sob esse foco, este livro está estruturado em quatro módulos, nos quais foi inserido o seguinte conteúdo.

No módulo I, falaremos sobre alguns princípios básicos da controladoria: descentralização, *accountability*, governança corporativa, sistemas abertos, funções do planejamento e controle, processo formal de controle, e função e relacionamento do *controller* com a unidade. Em seguida, analisaremos o impacto do comportamento nos mecanismos de controle, estudaremos as três mais importantes estruturas organizacionais – funcional, unidade de negócios e matricial – e finalizaremos com os centros de responsabilidade, com foco no centro de resultados.

No módulo II, apresentaremos os mecanismos de preço de transferência gerenciais, que têm a missão de criar congruência de objetivos. Estudaremos os quatro principais tipos de *transfer price*: baseado no mercado, baseado no custo, negociado e duplo. Por último, veremos como transformar unidades de serviço – tradicionais centros de custos – em centros de resultado por meio de *transfer price* e *activity based costing* (ABC).

No módulo III, estudaremos três ferramentas importantes para análise de relatórios financeiros – normalização de relatórios financeiros, ou seja, a retirada de efeitos exógenos, que são os efeitos não controláveis pelos gestores, a análise real da evolução financeira da empresa e a segmentação das variações nos relatórios financeiros.

No módulo IV, abordaremos o *balanced scorecard*, um mecanismo de controle baseado na representação equilibrada das medidas financeiras e operacionais em quatro perspectivas: financeira, clientes externos, processos internos e aprendizado, e crescimento.

Os autores

Módulo I – Sistemas de controle gerencial

Módulo I – Sistemas de controle gerencial

Neste módulo, falaremos sobre alguns princípios básicos da controladoria: descentralização, *accountability*, governança corporativa, sistemas abertos, funções do planejamento e controle, processo formal de controle e função, e relacionamento do *controller* com a unidade. Em seguida, analisaremos o impacto do comportamento nos mecanismos de controle, estudaremos as três mais importantes estruturas organizacionais – funcional, unidade de negócios e matricial – e finalizaremos com os centros de responsabilidade, com foco no centro de resultados.

Introdução teórica

Contabilidade e controladoria

Diferentemente do que algumas pessoas entendem, o *controller* não é o gerente contábil. Modernamente falando, a contabilidade faz parte da controladoria. No entanto, a controladoria tem funções muito mais gerenciais do que a contabilidade.

Segundo Anthony e Govindarajan,[1] o *controle gerencial* é o processo pelo qual os executivos influenciam outros membros da organização a obedecer às estratégias adotadas pela empresa. A controladoria é, portanto, a área da empresa responsável por projetar, atualizar e garantir a eficiência e confiabilidade dos mecanismos que dão suporte à implantação da estratégia.

Para podermos controlar, é necessário um sistema de controle. Um *sistema de controle* é um mecanismo que afere o quanto estamos perto ou longe da estratégia.

Pensemos em uma cabine de avião. Ela possui diversos mecanismos de controle – o piloto administra a altura, a velocidade, a pressão interna, a temperatura do avião e uma série de outros fatores que são importantes para que o avião cumpra sua estratégia, isto é, chegar em segurança a seu destino. Apesar de o sistema de controle dar informações para que o piloto possa tomar decisões, ele é o comandante e terá o bônus e o ônus por essas decisões. Assim é o sistema de controle em uma empresa – ou deveria ser. Portanto, a controladoria é responsável por projetar os mecanismos de controle, não pela decisão.

Faturamento, lucro e resultado positivo

Muitas pequenas empresas sonham em ser grandes como a Vale, a Embratel ou a Petrobras, que têm faturamentos gigantescos. Entretanto, faturamento não é sinônimo de lucro nem de bons resultados para os acionistas.

---

[1] ANTHONY, R. N.; GOVINDARAJAN, V. *Sistemas de controle gerencial.* São Paulo: Atlas, 2002. p. 34.

Controladoria

A tabela 1 apresenta dados de um grande hospital brasileiro – os dados foram divididos por um número aleatório para proteger a identidade da empresa –, os quais mostram que o alto faturamento não se converteu em resultado positivo:

Tabela 1
Dados de um hospital brasileiro

	2004	AH	2005	AH	2006	AH
Receita bruta	43.941	100	47.121	107	50.796	116
- Glosa	(4.916)	100	(6.977)	142	(5.919)	120
= Receita líquida	39.025	100	40.144	103	44.878	115
- Despesas operacionais	(46.178)	100	(54.291)	118	(56.477)	122
Hospitalares	(38.078)	100	(46.424)	122	(48.231)	127
Administrativas	(6.482)	100	(5.305)	82	(5.795)	89
Financeiras	(1.618)	100	(2.561)	158	(2.451)	152
= Resultado operacional	(7.152)	100	(14.147)	198	(11.599)	162
+ Resultado não operacional	7.344	100	12.915	176	13.483	184
Doações	2.624	100	8.664	330	9.473	361
Outros	4.720	100	4.251	90	4.010	85
= Resultado líquido	192	100	(1.232)	(643)	1.884	983

Fonte: Dados coletados pelo autor.

No Brasil, devido a nosso ainda recente período inflacionário, o faturamento acabou tendo importância exagerada como indicador de controle pelas empresas. Nos períodos de alta inflação, as aplicações financeiras rendiam muitíssimo bem. Os empresários aprenderam a gerar resultado positivo por intermédio do resultado financeiro, e não do resultado operacional.

Vejamos a tabela 2, que expõe um comparativo da inflação nos governos Collor, Itamar Franco e Fernando Henrique Cardoso:

Tabela 2
INFLAÇÃO DE 1990 A 1998

	Antes	Durante
Fernando Collor de Melo 1990-1992	1989 – 1.609,38%	1990 – 1.699,59% 1992 – 1.174,67%
Itamar Franco 1992-1994	1991 – 458,37%	1992 – 1.174,67% 1994 – 1.246,62%
Fernando Henrique Cardoso 1994-1998 – 1º mandato	1993 – 2.567,34%	1994 – 1.246,62% 1995 – 15,24% 1996 – 9,19% 1997 – 7,74% 1998 – 1,78%

Fonte: IGP-M/FGV.

Medição de resultados

No período da alta inflação brasileira, o resultado operacional era muito difícil de ser medido, e, quando era apurado, o número encontrado não fazia mais sentido. Naquele cenário de inflação, investir, por exemplo, em sistemas de custeio – que é um tipo de sistema de controle – era, praticamente, desperdiçar dinheiro.

A dificuldade de medição de resultados, nessa época, foi um forte motivo, embora não o único, para não termos desenvolvido sistemas de controle mais eficientes, quando comparados a países desenvolvidos.

Vamos pensar em alguns pontos fortes e fracos do crescimento medido pelo faturamento:

- pontos fortes – aumento do poder de barganha e diluição de alguns gastos fixos;
- pontos fracos – aumento de complexidade e maior necessidade de controle.

Descentralização

Um dos grandes avanços da ciência da administração foi a descentralização, cuja importância aumenta à medida que a empresa cresce.

Para descentralizarmos com responsabilidade, é necessário, entretanto, criarmos modelos mais sofisticados de controle do que os tradicionais mecanismos empíricos – olfato, paladar, visão, audição e tato.

Vamos imaginar um dono de padaria. Tradicionalmente, na maior parte das vezes, ele trabalha no caixa, de onde pode:

- acompanhar o fluxo financeiro da empresa;
- acompanhar o atendimento aos clientes;
- verificar a entrega de mercadorias pelos fornecedores.

Se dois funcionários conversam enquanto um cliente está no balcão aguardando atendimento, o chefe pode, por exemplo, assobiar e avisar que o cliente está aguardando o atendimento. Se a observação acontecer várias vezes, o dono, provavelmente, chama os funcionários para uma conversa de *reflexão*. Se ainda assim os esforços não derem certo, a última opção pode ser a dispensa dos funcionários. Nesse caso, o mecanismo de controle foi sonoro – assobiar e dizer que o cliente está aguardando atendimento.

Vamos imaginar que o empreendimento da padaria tenha feito tanto sucesso que o dono tenha montado uma rede com 100 padarias. Por mais que o dono da padaria trabalhe todo o tempo, não conseguirá usar os mecanismos de controle que usava – sonoro, por exemplo. Para isso, nasceu a descentralização, ou seja, o proprietário vai precisar descentralizar o controle e usar mecanismos mais sofisticados na empresa.

O proprietário pode, por exemplo, contratar um gerente e lhe cobrar pelo resultado financeiro da padaria, dando autonomia para que ele cuide dos problemas operacionais, tais como contrato, demissão, premiação e repreensão.

Governança corporativa e *accountability*

Escândalo financeiro

O ano de 2001 foi marcado por um dos maiores escândalos financeiros que o mercado global já presenciou. A Enron, gigante americana do setor de energia, pediu concordata após ter sido alvo de uma série de denúncias de fraudes contábeis e fiscais.

Segundo investigadores federais, a Enron havia criado parcerias com empresas e bancos que permitiram manipular o balanço financeiro. Os parceiros também permitiram que a companhia escondesse débitos de até US$ 25 bilhões nos últimos anos e inflasse, artificialmente, seus lucros. A investigação indicou ainda que ex-executivos, contadores, instituições financeiras e escritórios de advocacia foram responsáveis direta ou indiretamente pelo colapso da empresa, que foi alvo de processos movidos por pessoas que se consideraram lesadas.

Além disso, o governo americano abriu dezenas de investigações criminais contra executivos da Enron e da Arthur Andersen, sua empresa de auditoria.

No Brasil, foi revelada a participação da Enron em um suposto acordo com a Light para a manipulação no leilão de privatização da Eletropaulo, em 1998. Pelo acordo, a Enron não ofereceria propostas, abrindo espaço para a Light. Em troca, a companhia americana venderia gás para a Eletropaulo privatizada. O governo de São Paulo recebeu preço mínimo, sem ágio, pela venda da empresa.

Lei Sarbanes-Oxley

Foi em um cenário de descrença e temor no mercado acionário que, em 2002, a Lei Sarbanes-Oxley, criada pelo senador Paul Sarbanes (democrata) e pelo deputado Michael Oxley (republicano), foi aprovada pelo governo federal norte-americano. A nova legislação:

- restringiu o trabalho das empresas de auditoria – as empresas de auditoria estão impedidas de oferecer diversos, embora não todos, serviços de consultoria para as companhias que auditam;

Controladoria

- aumentou drasticamente as penalidades criminais de empresários e executivos que cometem irregularidades;
- elevou o grau de responsabilidade dos diretores de empresas públicas – com ação nas bolsas;
- instituiu novas proteções para os investidores.

A Lei Sarbanes-Oxley criou o Public Company Accounting Oversight Board (Conselho de Supervisão da Contabilidade), ligado à Securities and Exchange Comission (SEC), que fiscaliza o trabalho de auditoria das companhias e é o equivalente à Comissão de Valores Mobiliários (CVM) brasileira. O novo conselho tem poderes para investigar e disciplinar o setor, além de amplo acesso aos livros fiscais das companhias.

Em um país que pune com rigor qualquer tipo de crime, a Lei Sarbanes-Oxley é impiedosa com os executivos que fraudarem os balanços de agora em diante, com penas que vão até 25 anos. Por exemplo, quem destruir, alterar ou produzir, fraudulentamente, informações sobre uma empresa pode pegar 20 anos de cadeia. E quando um diretor enviar informações falsas à SEC, estará sujeito a pena de 20 anos e multa de US$ 5 milhões.

Governança corporativa

A partir da criação da Lei Sarbanes-Oxley, muito se ouviu falar em governança corporativa e *accountability*. De acordo com o Instituto Brasileiro de Governança Corporativa (IBGC),[2] *governança corporativa* é o sistema pelo qual as sociedades são dirigidas e monitoradas. Envolve os relacionamentos entre acionistas e cotistas, Conselho de Administração, diretoria, auditoria independente e conselho fiscal.

As boas práticas de governança corporativa têm a finalidade de aumentar o valor da empresa e contribuir para sua perenidade. Além disso, têm o objetivo de aumentar o valor da empresa por intermédio da percepção da sociedade de que a companhia possui controles apropriados,

---

[2] GOVERNANÇA CORPORATIVA. *Instituto Brasileiro de Governança Corporativa*. Disponível em: <www.ibgc.org.br/Secao.aspx?CodSecao=17>. Acesso em: 24 set. 2012.

transparência no tratamento e na divulgação de informações, e, consequentemente, menor risco, o que será refletido na redução de seu custo de captação de capital.

Tal sistema surgiu para superar o conflito de agência (interesses conflitantes) decorrente da separação entre a propriedade e a gestão empresarial. Na separação entre propriedade e gestão, o proprietário (acionista) delega a um agente especializado (executivo) o poder de decisão sobre sua propriedade.

Os interesses do gestor, no entanto, nem sempre estão alinhados com os do proprietário, resultando em um conflito de agência ou conflito agente-principal. A preocupação da governança corporativa é criar um conjunto eficiente de mecanismos, tanto de incentivos quanto de monitoramento, a fim de assegurar que o comportamento dos executivos esteja sempre alinhado com o interesse dos acionistas.

Accountability

O termo *accountability* – sem tradução exata para o português – remete à obrigatoriedade de os membros de um órgão administrativo ou representativo prestarem contas a instâncias controladoras ou a seus representados. Assim, a empresa que opta pelas boas práticas de governança corporativa adota, como linhas mestras:

- a transparência;
- a prestação de contas – *accountability*;
- a equidade;
- a responsabilidade corporativa.

Para tanto, o Conselho de Administração, representante dos acionistas, deve exercer seu papel, estabelecendo estratégias para a empresa, elegendo e destituindo o principal executivo, fiscalizando e avaliando o desempenho da gestão e escolhendo a auditoria independente.

O escândalo financeiro da Enron, para muitos, de acordo com Ichak Adizes[3] – guru em transformação organizacional –, foi atribuído ao bai

---

[3] ADIZES, Ichak. Dividir para governar. *HSM Management*, São Paulo, n. 38, p. 34-38, maio/jun. 2003.

xo poder dos conselhos de administração, o que foi alterado com os novos conceitos de governança corporativa emanados da Lei Sarbanes-Oxley. Portanto, a governança corporativa seria o caminho para que novos escândalos fossem evitados. Os escândalos seriam evitados por meio dos seguintes mecanismos da governança corporativa: monitoramento, fiscalização, transferência de poderes dos executivos para os conselhos e prestação de contas – *accountability* – no sentido conceitual do termo, ou seja, imputação de responsabilidade.

Para Adizes, a governança corporativa, no tocante à distribuição de poder, deve fazer exatamente o contrário, ou seja, deve dar mais poderes aos executivos, juntamente com a autoridade, e, então, responsabilizá-los por isso. O conceito de *accountability*, para ele, também é muito mais amplo do que o comumente apregoado – não é simplesmente responsabilizar uma pessoa pela execução de uma tarefa e a consequente prestação de contas sobre essa tarefa. Finalmente, o guru afirma que, para poder julgar se alguém efetivamente tem *accountability* por algo, é preciso satisfazer três requisitos:

- a pessoa deve saber pelo que é responsável;
- a pessoa deve ter autoridade, poder ou influência suficientes para desempenhar suas responsabilidades;
- a pessoa deve crer que é adequadamente recompensada para desempenhar suas responsabilidades.

Ou seja, devemo-nos assegurar de que essa pessoa sabe o que tem de fazer, consegue fazê-lo e tem uma boa razão para querer fazê-lo. Dessa forma, vimos que, conceitualmente, governança corporativa é um sistema de monitoramento e fiscalização que busca dar transparência ao mercado para que as empresas operem em um cenário de tranquilidade e confiança, e que *accountability*, ou seja, a prestação de contas por parte dos representantes das empresas para a sociedade, é uma de suas ferramentas.

O maior objetivo dos mecanismos que seguem o princípio da *accountability* é fazer com que a empresa tenha congruência de objetivos, ou seja, fazer com que objetivos individuais e corporativos sejam os mesmos. É importante criar mecanismos que façam todos olharem na mesma direção, o que não é fácil, mas não deixa de ser necessário.

Coleção Gestão financeira

Aprendemos que:

$$lucro = receita - custos$$

Sobre essa equação, há diferentes pensamentos:

- um profissional da área de vendas dirá, provavelmente, que a variável mais importante nessa equação é a *receita*;
- um profissional da área de produção dirá, provavelmente, que a variável mais importante nessa equação são os *custos*;
- os donos, acionistas ou presidentes de uma empresa dirão, provavelmente, que a variável mais importante nessa equação é o *lucro*.

As empresas têm usado algumas formas para aumentar a congruência de objetivos, como:

- treinamentos – com *Master of Business Administration* (MBAs) – tentam dar uma visão holística, oferecendo disciplinas em áreas diversas;
- melhores sistemas de controle – uma tentativa de fazer com que os colaboradores tomem decisões que interessem a eles e à empresa ao mesmo tempo.

O princípio da congruência de objetivos parece simples e óbvio, mas, na prática, nem sempre acontece. É comum pessoas ou unidades empresariais receberem responsabilidade sobre orçamento, mas não terem autoridade suficiente para influenciá-lo. Um exemplo é o sistema de remuneração que muitas empresas têm adotado, dividindo o salário dos funcionários em três parcelas: uma associada a metas individuais, outra associada a resultados da unidade a que o funcionário pertence e uma terceira associada ao resultado total da empresa.

No caso da rede de padarias, descentralizaríamos o controle nomeando um gerente para cada unidade. Esse gerente seria responsável pela lucratividade da unidade em que é gestor. Para que o gerente possa influenciar o resultado da padaria, precisa receber, junto com a responsabilidade pelo resultado, autoridade para tomar decisões que impactem a

Controladoria

medição que é usada para avaliar o resultado sobre sua alçada e perceber uma remuneração satisfatória para arcar com tais atribuições.

Estudo de caso

Para compreender melhor o conceito de congruência, vamos dar um exemplo mais específico. A Ouça Bem S/A era uma empresa brasileira no ramo de aparelhos auditivos, com mais de 50 anos de mercado. Além disso, tinha 57 pontos de venda em todo o território nacional, divididos quase que uniformemente entre lojas próprias – filiais – e franquias.

Seu tipo de controle organizacional era familiar. O presidente da companhia exercia um controle extremamente centralizado das decisões. O grande fornecedor era a Hearing Aids, uma empresa multinacional europeia, reconhecida mundialmente pela alta qualidade tecnológica de seus produtos.

Em 2000, a Ouça Bem devia um volume significativo à Hearing Aids, tão significativo que se tornou impagável. Dessa forma, os administradores da Ouça Bem se viram obrigados a entregar o controle de sua empresa para a Hearing Aids, que a incorporou trocando dívidas por 100% das cotas da sociedade. Em consequência disso, o presidente da Ouça Bem e os membros gerenciais que faziam parte de sua família foram destituídos.

Um novo presidente, pertencente ao quadro funcional da Hearing Aids, chegou ao Brasil com a missão de assumir a Ouça Bem e reestruturá-la. Em 2002, sentiu a necessidade de contratar um novo *controller* para a companhia, que teria a missão de auxiliar o presidente na elaboração do sistema de controle gerencial da empresa, direcionando-a rumo à lucratividade e ao crescimento sustentável.

Era unânime entre a nova diretoria da Ouça Bem que, para dar suporte ao crescimento sustentável, era necessário um processo de descentralização que respeitasse os princípios da *accountability*. As filiais, no modelo antigo, não tinham autonomia para dar descontos, prazos ou conceder crédito, que era feito por meio de um departamento específico localizado na matriz. Cada filial recebia uma tabela com preços e prazos predefinidos, sem autonomia para fazer vendas em situações diferentes

Coleção Gestão financeira

das expressas na tabela. Naquela época, a maior parte da remuneração do gerente de filial estava associada à receita – percentual da receita.

As pessoas da matriz, que estavam na empresa há muito tempo, diziam que foi feita uma tentativa de descentralizar o controle no passado, apoiados no argumento de que a filial está mais próxima do mercado e conhece melhor o cliente, mas, com autonomia na mão, os gerentes das filiais flexibilizaram demais o crédito, e o índice de inadimplência chegou a 16% – a média do mercado era em torno de 3%.

No modelo de controle para a descentralização tentado pela nova diretoria da Ouça Bem, a responsabilidade e a autoridade não estavam condizentes:

- à responsabilidade, cabia a receita;
- à autoridade, cabiam os descontos, os prazos e a concessão de crédito.

Apesar de os descontos afetarem negativamente a receita, os prazos e a política de crédito não o faziam. Por esse motivo, era de se esperar que a autoridade da filial, sem contrapartida de responsabilidade, fizesse os prazos serem bem maiores do que a média de mercado, aumentando a necessidade de capital de giro – que é um ativo caro – e o índice de inadimplência.

O problema da Ouça Bem não estava na descentralização, mas na falta de *accountability* do mecanismo de controle. A nova diretoria acreditava que a descentralização do controle da matriz para as filiais era importante e coube ao *controller* criar um mecanismo melhor. Vejamos a representação do mecanismo criado:

- receita bruta – descontos ou abatimentos ou impostos = receita líquida;
- receita líquida – gastos diretos da filial fixos e variáveis = resultado operacional;
- resultado operacional – índice de inadimplência = resultado líquido da filial.

Como resultado, temos:

- à responsabilidade, coube o resultado líquido da filial;
- à autoridade, couberam os descontos, os prazos e a concessão.

Depois de uma grande negociação com os gerentes das filiais – mudanças em mecanismos de remuneração têm implicações legais importantes que precisam ser observadas – explicando a importância da mudança no mecanismo de remuneração, ocorrida após vários momentos de treinamento sobre mecanismos de controle, os gerentes passaram a receber sobre o resultado líquido da filial, que era um mecanismo com quatro objetivos:

- gerenciamento de descontos;
- gerenciamento de gastos;
- gerenciamento da concessão de crédito;
- gerenciamento de prazos.

No treinamento dos gestores, eles aprenderam o conceito de margem de contribuição – preço menos custo variável –, evitando que dessem descontos que deixassem o preço do produto inferior aos custos variáveis – margem de contribuição negativa. Tanto os gastos fixos quanto os variáveis afetavam o resultado da filial. Por exemplo, antes desse modelo, as filiais que, usualmente, pediam para aumentar o número de funcionários reduziram significativamente esse pleito.

A empresa descentralizou para a filial a concessão de crédito, dando-lhe ferramentas de análise de crédito, tais como máquina de consulta a cheque e Serasa, por exemplo. Dessa forma, o índice de inadimplência caiu de 16% para 6% no segundo mês, chegando a 3% – média do mercado – seis meses após a implantação do novo modelo.

Além disso, a receita aumentou, segundo os gerentes, porque eles passaram a dar crédito a algumas pessoas que a matriz, no modelo antigo, teria recusado. A empresa passou a apurar a receita, que seria a base para a formação da remuneração dos gestores de filial, trazendo os pagamentos das contas a prazo a valor presente, descontando o custo do capital da empresa – custo médio ponderado de capital (CMPC).

Vejamos um exemplo. Um cliente comprou um aparelho auditivo por R$ 2.500,00, em 10 vezes sem juros. A receita apurada seria a seguinte, considerando o custo do capital 5% a.m., na calculadora financeira HP 12C:

250 PMT
10 n
5 i
PV 1930,43

Resultado: o ciclo de caixa – diferença entre tempo médio de recebimento e tempo médio de pagamento – reduziu significativamente, acompanhado de uma menor necessidade de capital de giro.

Com atitudes como essas, a empresa, que teve prejuízo nos três anos anteriores à compra pela multinacional europeia, passou a ter melhoras significativas no resultado, ficando positivo já no primeiro ano da nova gestão.

Empresa como sistema aberto

Sistema aberto, eficiência e eficácia

É muito difícil encontrarmos sistemas de controle iguais. Essa ocorrência incomum se deve ao fato de que uma empresa é um sistema aberto. Segundo Stanford L. Optner,[4] "um sistema é definido como algum processo em funcionamento de um conjunto de elementos, cada um deles funcional e operacionalmente unidos na consecução de um objetivo".

No livro *A meta da empresa*, Reinaldo Guerreiro[5] define a *empresa* como um sistema aberto porque recebe recursos, informações e tecnologia tanto internamente quanto externamente, e porque os processa, entregando produtos ou serviços. Por exemplo, um sistema de custeio recebe informações de custos incorridos em determinado período, trabalha-as e entrega os custos de produtos, serviços, processos ou outros objetos de custeio.

A *eficiência* está associada à entrada do sistema empresa. Por outro lado, se a empresa for capaz de atender às expectativas dos clientes, entregando o produto ou serviço correto ao cliente correto, será eficaz e, consequentemente, premiada pela preferência do cliente. Para fazer uma

---

[4] OPTNER, Stanford L. *Análise de sistemas para administração*. Rio de Janeiro: Ao livro técnico, 1972.

[5] GUERREIRO, Reinaldo. *A meta da empresa*: seu alcance sem mistérios. São Paulo: Atlas, 1996.

atividade, um produto ou um serviço, quanto menos recursos a empresa utilizar, mais eficiente será.

A *eficácia* está relacionada à saída do sistema empresa. Quando atendemos os clientes com eficácia, a um custo razoável, geramos riqueza, que é a capacidade de geração de valor no longo prazo.

Seis subsistemas

Ainda segundo Reinaldo Guerreiro, a empresa é formada por seis subsistemas que trabalham as informações e interagem entre si:

- subsistema de crenças e valores;
- subsistema social;
- subsistema organizacional;
- subsistema de gestão;
- subsistema de informação;
- subsistema físico.

As diferenças entre as empresas, nesses subsistemas, fazem os mecanismos de controle tão diferentes. Vejamos a figura 1, que apresenta um esquema de empresa como sistema aberto.

Figura 1
Empresa como sistema aberto

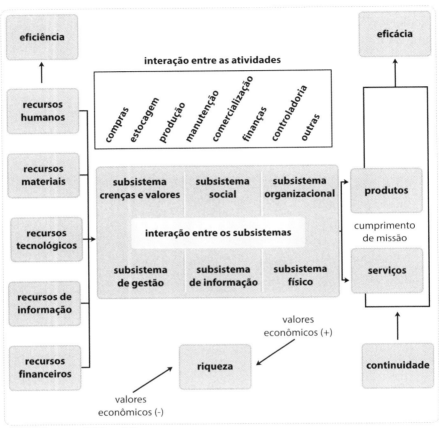

Fonte: Guerreiro (1999, p. 80).

O *subsistema de crenças e valores* define o pensamento da alta cúpula da empresa, expresso na visão, na missão, nos valores e na estratégia. Por exemplo, uma empresa que tem a visão de *ser a maior* é diferente de *ser a melhor*. Essa diferença cria impacto nos sistemas de controle.

O *subsistema social* define o pensamento dos gestores da empresa. Vamos imaginar, por exemplo, um supervisor, gerente ou diretor de uma empresa que foi convidado a trabalhar em outra.

Quando o profissional muda de empresa, leva sua própria forma de pensar e, dentro do que a autonomia de seu cargo permite, muda a forma de controlar. Para o gestor antigo, o tempo de dedicação ao trabalho dos funcionários era importante, ele exigia que os funcionários chegassem cedo e saíssem tarde. Para controlar o tempo, ele colocou um relógio de ponto, que é um *subsistema de controle*. Para o novo, porém, o tempo não tem muita importância, mas sim a rentabilidade dos projetos em que seus subordinados estão envolvidos.

O *subsistema organizacional* refere-se à estrutura organizacional da empresa e está associado:

- à forma pela qual a empresa agrupa suas diversas atividades em departamentos;
- à definição da amplitude administrativa;
- ao grau de descentralização desejável;
- ao problema de autoridade e responsabilidade.

Por exemplo, as empresas fazem dois grandes tipos de orçamentos: um *orçamento operacional* (chamado Opex, que vem do inglês *operational expenditures*) e um *orçamento de capital* (chamado de Capex, que vem do inglês *capital expenditures*).

O Opex é o orçamento que define os *gastos associados a custos e despesas* (gastos do dia a dia, como matéria-prima, aluguel, água, luz, telefone). Define ainda se fazemos ou não investimento (gastos de capital são aqueles que são feitos para investimento).

Os investimentos, diferentemente dos gastos com a operação (custos e despesas), beneficiam a empresa por vários períodos, mas, geralmente, estão associados a grandes desembolsos. Em geral, a autoridade dos dois tipos de orçamento (Opex e Capex) está sob alçadas diferentes.

Para sabermos se eles são viáveis ou não, usamos as técnicas estudadas em finanças chamadas, justamente, de orçamento de capital – é o nome técnico para análise de viabilidade econômica de projetos –, que usam os indicadores VPL, TIR, ILL, *payback*, *break even point* para análise de viabilidade.

É comum que o principal executivo de uma unidade tenha a autoridade sobre o Opex, mas nem sempre esse executivo tem autoridade sobre o Capex, que, muitas vezes, faz parte de uma decisão corporativa, feita pela matriz. Se o executivo não tem autoridade sobre o Capex, não deve ser responsabilizado por esses tipos de gastos.

Portanto, um indicador para medir a performance desse executivo deveria seguir essa regra. O *earnings before interest, taxes, depreciation and amortization* (Ebitda), ou potencial de geração de caixa com as operações, seria um bom indicador de performance, visto que tira da conta os gastos que são frutos de investimento ou que não são frutos da operação – depreciação, amortização, juros e impostos. Por outro lado, o *economic value added* (EVA), ou lucro econômico, não seria um bom indicador, por ser impactado por gastos que são frutos de investimento – depreciação, amortização e custo de capital, por exemplo.

O *subsistema de gestão* caracteriza-se como o processo administrativo ou processo de planejamento, execução e controle das atividades empresariais. Dependendo de como a empresa compre, estoque, armazene, produza ou distribua, ela precisará de mecanismos de controle diferentes.

Quando Jack Welch, considerado por muitos como um dos maiores executivos de todos os tempos, foi promovido a principal executivo da General Electric (GE), visitou as diversas unidades dessa grande empresa. Em visita à GE Aviation, divisão da GE que produz e faz manutenção em turbinas de avião – no Brasil, alguns de seus clientes são Tam e Gol –, Welch estava conhecendo os sistemas de medida da GE.

Na divisão de aviação, uma das métricas mais importantes era o tempo de manutenção das turbinas. Os funcionários dessa divisão tinham orgulho de ter um dos menores tempos de manutenção do mercado. Welch,[6] no entanto, fez uma pergunta bastante importante que mudou a forma de pensar e medir dos funcionários da GE Aviation: "Para nossos clientes, é importante o tempo de manutenção da turbina ou o tempo em que o avião fica parado?".

Para entendermos melhor esse questionamento, vamos analisar a divisão da GE Aviation para América Latina, que fica em Petrópolis, região serrana do Rio de Janeiro, e é chamada de GE Celma. O motivo do nome está no fato de a GE ter comprado do governo a Companhia Eletromecânica, que, inclusive, no início de suas operações, não trabalhava com aviação.

Vamos imaginar a manutenção de uma turbina de um avião da Gol, retirada da aeronave no Aeroporto do Galeão, no Rio de Janeiro. A turbina é retirada do avião, embalada, colocada em um caminhão que a transporta para Petrópolis – aproximadamente a 70 km do aeroporto, com uma serra de 20 km no caminho. Chegando à GE Celma, o processo de manutenção da turbina é iniciado; depois de terminado,

---

[6] WELCH, J.; BYRNE, J. A. *Jack*: straight from the gut. New York: Warner Business Books, 2001.

a turbina é embalada e transportada novamente para o Aeroporto do Galeão, onde a GE, em uma unidade que fica dentro do aeroporto, realiza os testes finais para liberá-la e recolocá-la no avião.

Agora vamos fazer novamente a pergunta anterior: "Para nossos clientes, é importante o tempo de manutenção da turbina ou o tempo em que o avião fica parado?".[7]

Por esse motivo, a GE criou o *prazo Asa a Asa*, que é, justamente, o prazo que conta o tempo de todo o processo. Atualmente, a GE usa uma medição chamada *turnaround time* (TAT), que é uma variação do *prazo Asa a Asa*.

O *subsistema de informação* caracteriza-se pelos *softwares* da empresa. Imaginemos que uma empresa use o programa *Excel* para fazer seus controles. Por melhor que seja seu treinamento em técnicas de controladoria, o responsável terá a capacidade de implantação de suas ideias bastante limitada por falta de bons sistemas, o que é bem diferente do que acontece em empresas que usam sistemas poderosos como Datasul, Industrial & Financial Systems (IFS), Microsiga, Navision, Oracle E-business Suite, SAP, etc.

O *subsistema físico* caracteriza-se pelos *hardwares* da empresa. Tomemos como exemplo a Fundação Getulio Vargas (FGV), que, além de cursos de pós-graduação *on-line*, oferece cursos presenciais. Imaginemos que o gasto de luz do edifício venha em uma conta para o endereço do prédio.

Se a FGV quiser saber quanto gasta de luz em um curso de MBA, precisará investir em relógios de luz que medirão os gastos em energia de cada sala. Para melhorar o sistema de custeio – que é um tipo de sistema de controle –, a FGV teria de investir em um subsistema físico, que modificaria um sistema de controle.

Controle gerencial: planejamento estratégico e orçamento

Toda empresa tem uma *missão* (o motivo pelo qual foi criada) e uma *visão* (como pretende estar no futuro). O que coloca a empresa em movimento, definindo o que a empresa faz para cumprir sua visão, é a *estratégia*.

Para que uma empresa tenha sucesso – considerando-se sucesso como o alcance da visão –, ela precisa, além de um bom mecanismo de

---

[7] WELCH, J.; BYRNE, J. A. *Jack*: straight from the gut. New York: Warner Business Books, 2001.

controle, de uma boa estratégia. Um excelente mecanismo de controle com uma estratégia errada só ajuda a empresa a ir para a direção errada com maior rapidez.

O processo de controle gerencial nasce na definição da estratégia para, em seguida, o planejamento estratégico iniciar. O planejamento estratégico é o processo pelo qual a empresa decide quais são os principais programas que a organização pretende adotar para implementar e manter suas estratégias. Ele define, inclusive, o volume de recursos necessário para que isso aconteça. O tempo do planejamento estratégico varia muito, mas, na média, as empresas têm feito planejamento estratégico para cinco anos, com revisões anuais.

O orçamento é, de modo geral, quantitativamente mais explicativo do que o planejamento estratégico – quase sempre, feito para um período menor. O orçamento mais comum é de um ano com revisões trimestrais.

A grande diferença entre o orçamento e o planejamento estratégico reside na responsabilização que o orçamento tem, pois precisa estar ligado a um centro de responsabilidade, ou seja, a um departamento que tem um dono. É como se, no planejamento estratégico, definíssemos o que fazer nos próximos cinco anos e, no orçamento, dividíssemos o primeiro em atividades menores que teriam um responsável e dinheiro para que fossem cumpridas.

Avaliação dos programas

Durante o ano, a empresa avalia se os programas estão sendo executados. Além dos programas, a empresa também avalia se o recurso realizado – efetivamente utilizado – para esses programas está sendo diferente do planejado, isto é, do orçado.

Se a análise do resultado do real *versus* orçado mostrar que a unidade fez um bom trabalho, ela deve ser premiada (com remuneração, reconhecimento, etc.) e, em caso contrário, deve ser punida (recebendo menor bônus, por exemplo).

Para que o mecanismo seja efetivo, é necessário pensarmos no princípio da *accountability*, para analisar e fazer adaptações necessárias ao resultado. Lembremos que o gestor só deve ser responsabilizado por aquilo sobre o que tem autoridade, e recebendo remuneração para tanto.

Vamos imaginar, por exemplo, que uma empresa brasileira tenha comprado grande parte de sua matéria-prima dos Estados Unidos e, quando o orçamento foi feito, a empresa tenha usado uma taxa de câmbio de R$ 1,80 para cada dólar. No decorrer do ano, a taxa do dólar passou para R$ 2,50, em média, o que causou impacto negativo no orçamento. Para obedecer ao princípio da *accountability*, devemos retirar esse efeito da comparação.

Informações exógenas – aquelas que não foram consideradas no orçamento ou consideradas de forma diferente e que não sejam de responsabilidade do gestor – devem ser ajustadas para que a comparação seja justa.

Empresa aérea

Imagine que uma empresa aérea X, que é a segunda maior do mercado, tenha projetado o orçamento para o ano seguinte. Agora imagine que, no ano seguinte, quando o orçamento se realizou, a empresa aérea Y, maior empresa do mercado, tenha fechado. Essa importante variável é exógena e não estava contemplada no orçamento. Não será mais fácil para a empresa X bater suas metas? Não seria justo rever o orçamento?

O problema é que, na prática, as pessoas aceitam o ajuste do orçamento quando são beneficiadas por ele, mas o contrário não é verdadeiro, por mais que seja mais justo.

Regulamentos e políticas da empresa

Outros pontos que precisam ser levados em consideração são o regulamento e a política da empresa, pois uma unidade pode cumprir o orçamento utilizando uma atitude que vá contra as diretrizes, a política ou o regulamento da empresa.

Essa possibilidade precisa ser levada em consideração quando da análise para que o resultado sofra ajuste, se for o caso. Imaginemos uma empresa farmacêutica que tem a política de não vender para o governo porque a média de atraso, nesse caso, é bem maior que a habitual. Se uma de suas divisões aumentar a receita por ter feito vendas desse tipo, terá descumprido uma diretriz da empresa.

Resumo do processo

A figura 2 apresenta a forma como se dá o processo de controle gerencial em uma empresa:

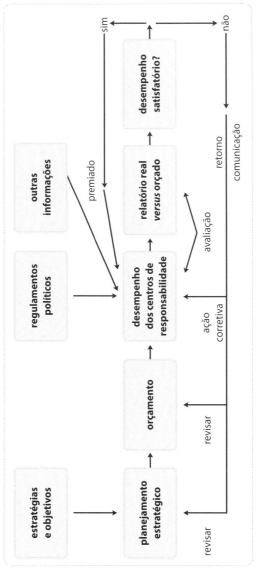

Figura 2
Processo de controle gerencial

Fonte: Anthony e Govindarajan (2002, p. 148).

Controladoria /

Controller

Funções do *controller*

O *controller* é o principal executivo da controladoria. Segundo Anthony e Govindarajan,[8] suas funções são:

- reunir e operar informações, e projetar sistemas de controle;
- preparar demonstrações e relatórios financeiros e não financeiros;
- preparar e analisar relatórios de desempenho e auxiliar outros gerentes na interpretação desses relatórios, analisando programas e propostas de orçamento, bem como consolidar os planos de vários setores da empresa no orçamento anual;
- supervisionar os procedimentos contábeis e da auditoria interna e externa para assegurar a validade das informações, estabelecer adequadas salvaguardas contra furtos e desfalques e executar auditorias operacionais;
- desenvolver a capacidade do pessoal de sua área e participar do aperfeiçoamento do pessoal de nível gerencial em assuntos relativos à função de controladoria.

Uma das funções mais importantes do *controller* é a de educador, pois ninguém aceita uma métrica que não compreende. Muitos sistemas de controle considerados excelentes já fracassaram porque os gestores não tiveram maturidade para entendê-lo.

Um bom exemplo de empresa que acredita nessa afirmação é a Infoglobo, que pertence ao grupo *O Globo* e é responsável por todas as mídias do grupo, com exceção de televisão – jornal, rádio, revista, etc.

Na Infoglobo, muitos gestores são jornalistas e, para poder gerenciar melhor seus departamentos, a controladoria, em parceria com a universidade corporativa da empresa, cria cursos para ensinar profissionais da área jornalística a entender as principais métricas da empresa.

Não é incomum um jornalista dessa empresa, sem formação na área financeira, falar com desenvoltura de indicadores sofisticados como *return on equity* (ROE), *return on asset* (ROA), *earnings before*

---

[8] ANTHONY, R. N.; GOVINDARAJAN, V. *Sistemas de controle gerencial*. São Paulo: Atlas, 2002.

interest, taxes, depreciation and amortization (Ebitda) ou *economic value added* (EVA).

Controller e a unidade

Os dois tipos mais comuns de subordinação do *controller* da unidade são:

- subordinação indireta ao *controller* da matriz e direta ao gerente da unidade;
- subordinação direta ao *controller* da matriz e indireta ao gerente da unidade.

Na figura 3, em que vemos um dos tipos de subordinação do *controller* da unidade, o da subordinação indireta, a linha preenchida significa subordinação direta e a pontilhada, indireta.

Figura 3
GRAU DE SUBORDINAÇÃO INDIRETA AO *CONTROLLER* DA MATRIZ

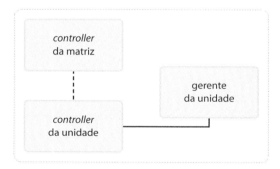

Na estrutura de subordinação indireta, em geral, o ponto forte é o *controller* da unidade ser visto como um parceiro da unidade; contudo, o *controller* da matriz tende a não ter tanta confiança em seus dados. Dessa forma, é mais comum a criação de uma auditoria interna.

Já na figura 4, vemos outro tipo de subordinação do *controller* da unidade, o da subordinação direta – a linha preenchida significa subordinação direta e a pontilhada, indireta.

Figura 4
GRAU DE SUBORDINAÇÃO DIRETA AO *CONTROLLER* DA MATRIZ

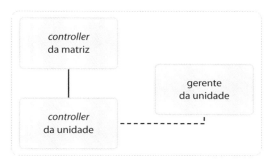

Nessa estrutura, em geral, o ponto forte é que o *controller* da matriz tende a acreditar mais nos relatórios do *controller* da unidade, porém o potencial de conflito entre o *controller* e as outras áreas da unidade é maior, porque o *controller* da unidade pode ser encarado como um *espião da matriz*.

Comportamento nas organizações

Objetivo dos sistemas de controle

Os sistemas de controle gerencial influenciam o comportamento das pessoas. Seu grande objetivo é criar mecanismos de obediência à estratégia.

Será que uma empresa chinesa que abre uma filial no Brasil poderá usar os mesmos mecanismos de controle gerencial que usa na China? Será que a Vale, que comprou, no final de 2006, a mineradora canadense Inco, tornando-se a segunda maior mineradora do mundo, usa no Canadá exatamente os mesmos mecanismos de controle usados aqui no Brasil?

Atualmente, uma das grandes áreas de estudo de controladoria é a *internacionalização de empresas*. Os estudiosos do assunto dizem que o grande desafio é criar mecanismos de controle que levem em consideração as diferenças entre legislação e, principalmente, as diferenças sociais, históricas e culturais, respeitando a missão e a visão da empresa.

Segundo Gomes e Salas,[9] só faz sentido discutir controle dentro de determinado contexto e de determinada cultura em que ele existe, dentro de determinado momento histórico e de uma organização em particular. Para tratar essas variáveis, é necessário criar mecanismos de controle que busquem a congruência de objetivos.

Criar *congruência de objetivos* significa fazer com que:

- empresa e funcionários tenham o mesmo interesse;
- todos olhem na mesma direção.

Lembremos a seguinte equação, estudada no ensino básico:

$$\text{lucro} = \text{receita} - \text{custos}$$

Às vezes, comentamos que pessoas de vendas, de produção e os cotistas ou os acionistas da empresa olham para variáveis diferentes dessa equação. Criar congruência de objetivos significa fazer com que todos os três grupos de pessoas olhem para a mesma variável. Recordemos o exemplo da Ouça Bem S/A. O que o *controller* fez foi usar o princípio da *accountability* para criar congruência de objetivos.

Problema da agência

Quando não existe congruência de objetivos, ocorre um problema que os economistas chamam de problema de agência. Segundo Gitman,[10] problema de agência é a possibilidade de os administradores colocarem seus objetivos pessoais à frente dos profissionais.

Atualmente, as empresas usam modelos de controle que associam a congruência de objetivos ao modelo de remuneração para reduzir os problemas de agência.

Avaliemos, por exemplo, como o modelo de remuneração de sua empresa funciona hoje. Ele tenta criar congruência de objetivos? Muitas

---

[9] GOMES, J. S.; SALAS, J. M. A. *Controle de gestão*: uma abordagem contextual e organizacional. São Paulo: Atlas, 2001.
[10] GITMAN, L. J. *Princípios de administração financeira*. São Paulo: Harbra, 1997.

empresas estão associando a remuneração dos funcionários a, pelo menos, três fatores:

- metas pessoais;
- metas da unidade de negócios em que o funcionário trabalha;
- metas da empresa.

Esses três fatores compõem a remuneração do funcionário. É uma forma de criar congruência de objetivos.

Tipos de estrutura organizacional

Estrutura de sistema de controle

A estrutura organizacional tem impacto importante no sistema de controle gerencial. Modernamente, as empresas têm adotado estruturas organizacionais híbridas. No entanto, vamos falar um pouco sobre as três estruturas organizacionais mais comuns:

- funcional;
- unidade de negócios ou divisional;
- matricial.

A estrutura funcional é aquela em que cada executivo é responsável por uma função específica. Nessa estrutura, a especialização é valorizada. A figura 5 apresenta um modelo de estrutura funcional:

Figura 5
MODELO DE ESTRUTURA FUNCIONAL

Alguns pontos fortes da estrutura funcional são:

- promover a eficiência, pois ninguém conhece melhor as atividades da área de marketing do que um especialista em marketing;
- facilitar a especialização e o aperfeiçoamento, porque todas as atividades são concentradas em um departamento.

A estrutura funcional apresenta alguns pontos fracos. Como as atividades estão separadas, é difícil avaliar a fração do lucro que cada área contribui para o resultado da empresa. As atividades concentradas tendem a aumentar as disputas internas, criando grupos, como o *pessoal de finanças* ou o *pessoal de marketing* – por isso mesmo, as disputas precisam ser resolvidas pela alta administração. A estrutura funcional, portanto, é aquela que, em geral, tende a criar maiores conflitos de agência.

A estrutura de unidade de negócios ou divisional é aquela em que cada executivo de unidade é responsável pela maioria das atividades, como parte semi-independente da empresa. A figura 6 apresenta um modelo de estrutura por unidade de negócios:

Figura 6
Modelo de estrutura por unidade de negócios

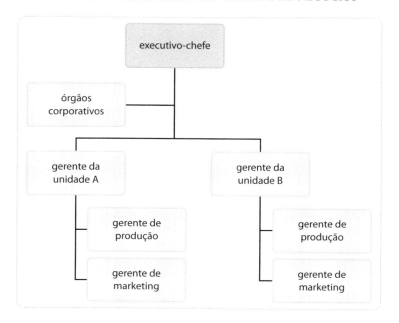

As unidades de negócio têm, ao menos, marketing e produção sob o mesmo teto. As outras atividades podem estar ligadas diretamente às unidades ou a órgãos corporativos.

Alguns pontos positivos da estrutura de unidade de negócios são:

- tornar o controle mais fácil, porque os negócios são relacionados às unidades, às receitas e aos gastos associados ao produto ou serviço da empresa. Portanto, podem medir a rentabilidade;
- facilitar a descentralização – já que a unidade responde pela lucrativi-dade –, deixando a unidade mais ágil para responder às demandas do mercado e para tomar decisões mais rápidas e melhores;
- proporcionar treinamento para gerentes gerais, porque o gerente de unidade é gestor de uma pequena empresa. Esse tipo de profissional, que precisa ter visão holística, é difícil de ser encontrado do mercado.

A estrutura de unidade de negócios apresenta alguns pontos negativos:

- risco de duplicação de tarefas, onerando os gastos da organização – a duplicação de tarefas é um ponto fraco que pode ser minimizado adotando-se a centralização de certas funções em órgãos corporativos;
- exige um tipo mais amplo de executivo do que é o especialista, e esse profissional não é fácil de ser achado no mercado.

Vejamos a figura 7, com o exemplo da Embratel, que apresentava um modelo de estrutura simplificada, na época em que era controla-da pela multinacional americana MCI Inc. Em 2004, a Embratel foi comprada pela multinacional mexicana Telmex, de Carlos Slim, um dos homens mais ricos do mundo, que modificou algumas características de sua estrutura organizacional.

Figura 7
EMBRATEL

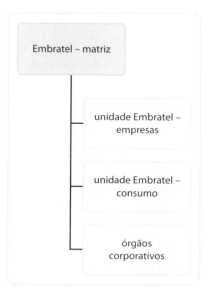

Sendo assim, temos:

- Embratel – *matriz* – responsável pela definição do portfólio de produtos das unidades;
- unidade Embratel – *empresas* – contas empresariais de bancos ou outras firmas de grande porte;
- unidade Embratel – *consumo* – pessoas físicas, pequenas e médias empresas;
- *órgãos corporativos* – por exemplo, tesouraria, contas a pagar, planejamento corporativo e recursos humanos, subordinados à matriz e servindo de ligação entre a matriz e a unidade.

A estrutura matricial é aquela em que as unidades funcionais têm dupla responsabilidade, por meio do conceito de gerente de projetos. Vejamos a figura 8, com um exemplo de estrutura matricial:

Figura 8
Exemplo de estrutura matricial

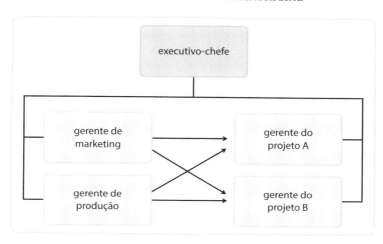

A estrutura matricial apresenta algumas vantagens:

- é mais fácil a otimização de recursos, deslocando pessoas para diferentes projetos;
- cria ambiente para transferência de conhecimento, já que as pessoas aprendem em um projeto e transportam o conhecimento para ser usado em outros.

Imaginemos uma situação em que algum colega de trabalho tem uma informação, mas não compartilha com ninguém, como se a informação pertencesse a ele e não à empresa. A estrutura matricial evita esse tipo de atitude.

Algumas desvantagens da estrutura matricial são:

- a dupla e, às vezes, tripla subordinação – um dos problemas mais encontrados nesse tipo de estrutura;
- o gerente de projetos, por exemplo, muitas vezes, reporta-se ao gerente de produção, ao gerente de marketing e a um diretor de projetos;
- a insegurança que pode gerar em seus componentes – outro ponto que precisa de especial atenção nessa estrutura, porque suas equipes

podem ser dispensadas ao fim do projeto, caso não haja outro projeto para alocá-las;

- os chefes – gerente de projetos, gerente de produção, gerente de marketing, etc. – podem ter pensamentos diferentes e conflitantes.

Contas e centros de responsabilidade

Eficiência e sistema organizado

Todo sistema de controle, para ser eficiente, precisa de organização. Para podermos organizar melhor o sistema de controle, a contabilidade criou dois conceitos importantes que precisam estar presentes em todos os sistemas:

- as contas contábeis;
- os centros de responsabilidade.

Sá[11] define contas contábeis como a expressão qualitativa e quantitativa, estática e dinâmica de fatos patrimoniais da mesma natureza ocorridos ou por ocorrer em uma empresa ou em uma entidade. As contas contábeis definem a natureza das contas do balanço e de resultados, ou seja, contas de gasto, perda, ganho, receita, ativo, passivo e patrimônio líquido. Definem ainda com o que ganhamos, como gastamos nossos direitos e como adquirimos obrigações.

Imaginemos, por exemplo, um sistema orçamentário. Nele, as contas contábeis definem a natureza do gasto e da receita, ou seja, com o que gastamos ou recebemos. Segundo Atkinson e outros,[12] um centro de responsabilidade é uma unidade da empresa na qual um gerente é responsável pelo controle na forma:

- de custos – um centro de custos;
- de receitas – um centro de receitas;

---

[11] SÁ, Antonio Lopes de. *Plano de Contas*. 11. ed. São Paulo: Atlas, 2002.

[12] ATKINSON, A. A. et al. *Contabilidade gerencial*. São Paulo: Atlas, 2000.

- de resultado – um centro de resultado;
- de retorno sobre investimento – um centro de investimento.

Um centro de responsabilidade é criado para descentralizar a responsabilidade – e a autoridade – e funciona como se fosse um pequeno negócio dentro da empresa. Seu gerente, caso seja efetivo, dirige esse negócio de forma a fazer com que seus subordinados tenham congruência de objetivos, satisfazendo seus interesses e os interesses da empresa.

Um centro de responsabilidade:

- tem entradas – por exemplo, material e horas de trabalho;
- trabalha esses recursos – geralmente, necessita de capital de giro, equipamentos e outros ativos para cumprir seu trabalho;
- como resultado, tem saídas – produtos e serviços.

Dependendo do relacionamento entre entradas e saídas, ele tem uma classificação diferente. Vejamos a figura 9, que apresenta um esquema ilustrativo de um centro de responsabilidade.

Figura 9
Exemplo esquemático de um centro de responsabilidade

Vejamos a tabela 3 com outro exemplo de centro de responsabilidade para melhorar o entendimento sobre entradas e saídas:

Tabela 3
Contas contábeis (natureza) *versus* centros de responsabilidades (localização)

	Localização				
Pessoal	Financeiro	Contabilidade	Marketing	Produção	Empresa
Gerentes	10	10	30	50	100
Supervisores	12	15	20	35	82
Técnicos	10	20	25	40	95
Total	32	45	75	125	277

Na tabela 3, o exemplo mostra uma conta contábil (pessoal) com três subcontas (gerente, supervisor e técnico). A conta contábil, nesse caso, responde à pergunta: Com o que é gasto (natureza)?

O centro de responsabilidade (nesse caso, centro de custos, o mais comum dos centros de responsabilidade) responde à pergunta: Quem gasta (localização)?

Em uma empresa, o sistema contábil que produz a demonstração do resultado do exercício (DRE) pode ser o mesmo que usamos para fazer o controle das unidades empresariais. O que o sistema faz, quando emite a DRE da empresa, é esconder os centros de responsabilidade (nesse caso, financeiro, contabilidade, marketing e produção) e as subcontas (nesse caso, gerentes, supervisores e técnicos), porque essas informações são gerenciais e não precisam ser abertas a pessoas ou entidades externas à empresa (bancos, fisco, acionistas).

Geralmente, o sistema é capaz de emitir uma pequena DRE para cada centro de responsabilidade (centro de custo, centro de lucro). Para entender o conceito, imaginemos alguém casado. O marido ou esposa dessa pessoa, dentro do orçamento pessoal, é um centro de responsabilidade ou uma conta contábil? Um centro de responsabilidade, porque define quem gasta ou ganha.

Temos observado que muitas empresas chamam a todos os centros de responsabilidade de centro de custo. O conceito não é o mesmo. Vamos entender as diferenças.

Centros de custo

Os centros de custo são centros de responsabilidade em que os funcionários controlam custos, mas não controlam as receitas ou o nível de investimento. Virtualmente, todo grupo de processo nas operações de serviços, como o departamento de compensação de um banco – ou todo o grupo de processos em operações de manufatura, como departamento de serragem em uma serraria – é candidato a ser tratado como centro de custo.

As entradas de qualquer sistema medem a eficiência (*fazer as coisas corretamente*), e as saídas medem a eficácia (*fazer as coisas certas*).

Já que os centros de custo medem as entradas, mas não as saídas monetárias – o que nos permitiria cruzar esses dados e apurar o resultado do centro como se ele fosse uma pequena empresa –, só podemos medir eficiência, em geral, por meio de orçamentos. Quanto mais produtos fizermos com o mesmo orçamento, mais eficiente seremos.

Um exemplo de centro de custo é um departamento de produção. Nele temos entradas monetárias (gastos com pessoal, aluguel, água, luz, matéria-prima), mas saídas não monetárias (nesse caso, físicas – produtos). Por isso, não conseguimos cruzar entradas com saídas monetárias, mas podemos medir eficiência. As entradas são monetárias, mas as saídas não são, porque o departamento de produção não vende o produto.

Centros de receita, de resultado e de investimento

Centros de receita são centros de responsabilidade em que os participantes controlam as receitas, mas não controlam:

- o custo de produção;
- a aquisição do produto;
- o serviço que vendem;
- o nível de investimento no centro de responsabilidade.

O desempenho financeiro desses centros é medido por meio da análise do passado em relação ao presente (crescimento das receitas) e das receitas esperadas (orçamento) em relação ao que foi realizado.

Um exemplo de um centro de receita foi dado no caso da Ouça Bem S/A. Inicialmente, a filial era controlada apenas pela receita, mas diversos problemas fizeram com que a empresa mudasse a forma de controle e o tipo de centro de responsabilidade.

Centros de resultado são centros de responsabilidade em que os participantes controlam as receitas e os custos dos produtos ou serviços que produzem. É como um negócio independente, exceto pelo fato de que os investimentos não são controlados pelo centro. Os investimentos são controlados pelo corporativo ou por outro gerente com autoridade hierárquica acima do centro.

Já falamos de Capex (gastos de capital, frutos de investimento) e Opex (gastos com a operação). No centro de resultado, é como se juntássemos as receitas do centro de responsabilidade com o Opex, formando resultado. Para ser um centro de resultado, as entradas (gastos) e as saídas (receitas) podem ser associadas umas às outras.

Alguns executivos são responsáveis por centros de custos e centros de receita ao mesmo tempo, mas não existe associação entre eles e, por isso, não são avaliados como um centro de resultado. Em um departamento de vendas, o executivo-chefe controla gastos de seu pessoal, água, luz, viagem, etc. Além disso, é responsável por vendas de produtos e serviços, que não tem relação com esses gastos. Por isso, ele seria controlado por centro de custos e de receitas de forma separada e não como centro de resultados.

Centros de investimento são centros de responsabilidade em que os participantes controlam receitas, custos e nível de investimento. Pode ser visto como um negócio independente. Um exemplo são unidades de negócio que vendem produtos ou serviços e têm autonomia sobre o Opex (o que é comum) e sobre o Capex (o que não é tão comum). Novamente, é uma questão de *accountability*. A escolha que indica se um centro de responsabilidade será centro de receita, de custo, de resultado ou de investimento está no grau de autoridade que ele tem sobre receita, custo, resultado e investimento.

Comparação – centros de responsabilidade

O quadro 1 apresenta uma comparação entre os diversos centros de responsabilidade:

Quadro 1
Tipos de centros de responsabilidade

Fatores	Centro de custo	Centro de receita	Centro de lucro	Centro de investimentos
Controlado pelo centro.	Custos.	Receitas.	Custos e receitas.	Custo, receita e significativo controle sobre investimentos.
Não controlado pelo centro.	Receitas, investimentos em inventário e ativos fixos.	Custos, investimentos em inventário e ativos fixos.	Investimentos em inventário e ativos fixos.	-
Medido pelo sistema contábil.	Custos relativos a alguma meta – em geral, um orçamento.	Receitas relativas a alguma meta – em geral, um orçamento.	Lucro relativo a alguma meta – em geral, um orçamento.	Retorno sobre investimento relativo a alguma meta.
Não medido pelo sistema contábil.	Desempenho de outros fatores de sucesso, além do custo.	Desempenho de outros fatores de sucesso, além da receita.	Desempenho de outros fatores de sucesso, além do lucro.	Desempenho de outros fatores de sucesso, além do retorno sobre o investimento.

Fonte: Atkinson et al. (2000, p. 626).

Autoavaliações

Questão 1:

A controladoria é a área da empresa responsável por criar mecanismos de obediência à estratégia, apresentando funções muito mais gerenciais.
Sendo assim, em uma empresa, a área de controladoria tem o propósito de:

a) buscar eficiência da companhia, criando mecanismos de aumento na produtividade.
b) verificar se as atividades planejadas são realizadas de forma correta, solucionando possíveis disparidades.
c) criar, elaborar e desenvolver projetos que vão elevar a rentabilidade da empresa e maximizar o retorno para os acionistas.
d) projetar, atualizar e garantir a eficiência e a confiabilidade dos mecanismos que darão suporte à implantação da estratégia.

Questão 2:

A controladoria é a área da empresa responsável por projetar, atualizar e garantir a eficiência e confiabilidade dos mecanismos que darão suporte à implantação da estratégia.
Dessa forma, podemos afirmar que cabe à controladoria:

a) decidir sobre a execução da estratégia.
b) a responsabilidade de projetar os mecanismos de controle.
c) decidir sobre as questões de maior impacto na evolução do negócio.
d) a responsabilidade tão somente de elaborar relatórios financeiros sobre a performance da empresa.

Questão 3:

Os sistemas de controle gerencial influenciam o comportamento das pessoas.

Dessa forma, podemos afirmar que controle gerencial representa:

a) o processo pelo qual os executivos influenciam a gerência a atuar em conformidade com os princípios éticos da companhia.

b) o processo pelo qual os executivos influenciam outros membros da organização a obedecer às estratégias adotadas pela empresa.

c) a centralização do controle nas mãos dos gerentes mais seniores, para que as decisões ocorram de forma mais rápida, levando a empresa a um diferencial competitivo.

d) o contínuo acompanhamento de atividades executadas na empresa, para que apresentem os mais altos padrões de qualidade, levando a organização a uma vantagem competitiva.

Questão 4:

A descentralização foi um grande avanço da ciência da administração, entretanto, para descentralizar, a empresa precisa de melhores controles e mecanismos de controle que respeitem o princípio da *accountability*.

O princípio *accountability* estabelece que:

a) toda a responsabilidade deve, necessariamente, estar acompanhada de autoridade e adequada remuneração.

b) os altos executivos devem ser guiados de modo que elejam os responsáveis pelo desenvolvimento estratégico da empresa.

c) a forma de operacionalizar uma estratégia deve ser detalhada de modo que siga os mais altos padrões de acurácia e integridade.

d) todo gestor deve ser criminalmente responsável, ao ser apontado pela alta gerência como executor de determinada tarefa, sobre qualquer desvio na execução dessa.

Questão 5:

Receita é a entrada monetária, que ocorre em uma entidade, ou o patrimônio de uma empresa, em geral, sob a forma de dinheiro ou de créditos representativos de direitos.

Dessa forma, podemos afirmar que o crescimento de receita:

a) nem sempre vem acompanhado de crescimento de resultado.
b) é vital para que uma empresa alcance maior geração de caixa.
c) sempre vem acompanhado de um maior nível de inadimplência.
d) é vital para que uma empresa tenha sólidos indicadores financeiros.

Questão 6:

Para fazer uma atividade, um produto ou um serviço, quanto menos recursos a empresa utilizar, mais eficiente será. Por outro lado, se a empresa for capaz de atender às expectativas dos clientes, entregando o produto ou serviço correto ao cliente correto, será eficaz, sendo premiado pela preferência do cliente.

Sendo assim, podemos afirmar que:

a) eficácia significa entregar o resultado esperado, e eficiência representa fazer as coisas de forma correta.
b) eficiência é efetuar as atividades gastando o mínimo de tempo, e eficácia é obter a maior receita possível.
c) eficiência é fazer as coisas da forma correta, e eficácia é obter maiores retornos para os acionistas do que os de seus competidores.
d) eficácia significa entregar mercadorias antes da data combinada, causando encantamento no cliente, e eficiência representa ter gastos abaixo da média.

Questão 7:

Diferentemente do que algumas pessoas entendem, o *controller* não é o gerente contábil, mas sim o principal executivo da controladoria.

Podemos, então, definir a função de um *controller* da seguinte forma:

a) projetar sistemas de controle, preparar demonstrações e relatórios financeiros e não financeiros, e supervisionar os procedimentos da auditoria de qualidade.

b) projetar sistemas de controle, preparar demonstrações e relatórios financeiros e não financeiros, e supervisionar os procedimentos contábeis e da auditoria interna e externa.

c) elaborar a estratégia da companhia, preparar demonstrações e relatórios financeiros e não financeiros, e supervisionar os procedimentos contábeis e da auditoria interna e externa.

d) preparar demonstrações e relatórios financeiros e não financeiros, supervisionar os procedimentos contábeis e da auditoria interna e externa, e decidir sobre a premiação e punição de funcionários de acordo com a conduta ética de cada um.

Questão 8:

A estrutura organizacional é outro aspecto de impacto importante no sistema de controle gerencial. Modernamente, as empresas têm adotado estruturas organizacionais híbridas.

As estruturas organizacionais mais comumente conhecidas e adotadas consistem em:

a) funcional, divisional e matricial.

b) funcional, meritocrática e matricial.

c) dependente, semidependente e híbrida.

d) regional, unidade de negócios e matricial.

Questão 9:

Para organizar melhor o sistema de controle, a contabilidade criou dois conceitos bastante importantes, que precisam estar presentes em todos os sistemas – as contas contábeis e os centros de responsabilidade.

Dessa forma, podemos dizer que:

a) o centro de responsabilidades está relacionado à área de produção, enquanto a conta contábil, à controladoria.

b) o centro de responsabilidades está relacionado ao gestor dos gastos da companhia, enquanto a conta contábil, à natureza da conta.

c) a conta contábil está relacionada ao código dado pela matriz da empresa, enquanto o centro de responsabilidades, ao gestor dessas operações.

d) a conta contábil está relacionada à natureza da conta, enquanto o centro de responsabilidades, ao responsável por determinada entrada ou saída de recursos.

Questão 10:

Um centro de responsabilidade é criado para descentralizar a responsabilidade – e autoridade – e funciona como se fosse um pequeno negócio dentro da empresa.

Os centros de responsabilidades mais comumente utilizados são os centros de:

a) resultado, custo, Capex e Opex.

b) resultado, custo, RH e produção.

c) custo, receita, resultado e investimento.

d) custo, despesa, resultado e investimento.

Módulo II – Preços de transferência

Módulo II – Preços de transferência

Neste módulo, apresentaremos os mecanismos de preço de transferência gerenciais, que têm a missão de criar congruência de objetivos. Estudaremos ainda os quatro principais tipos de *transfer price*: baseado no mercado, baseado no custo, negociado e duplo. Por último, veremos como transformar unidades de serviço – tradicionais centros de custos – em centros de resultado por meio do uso de *transfer price* e *activity based costing* (ABC).

Discussão orçamentária

Discussão simples e discussão complexa

Nos centros de resultados de uma empresa – uma unidade de negócios, por exemplo –, a discussão orçamentária é muito mais simples do que em um departamento controlado por um centro de custos. A simplificação ocorre porque o grau de descentralização de um centro de resultados é maior do que de um centro de custo.

Se uma unidade de negócios gastar R$ 1.000.000,00 a mais do que o orçamento, por exemplo, mas gerar R$ 3.000.000,00 a mais de receita correspondente, o resultado, linha de controle mestra desses centros, aumentará em R$ 2.000.000,00 e o trabalho do centro de resultados será considerado efetivo – eficiente e eficaz ao mesmo tempo. Nesses centros de resultados, a descentralização tende a ser maior porque o objetivo da unidade converge para o objetivo da empresa: maximizar o lucro.

Por causa da dificuldade em medir a efetividade, a discussão orçamentária é muito mais complexa nos centros de custos. Ninguém conhece melhor um departamento do que as próprias pessoas que trabalham ali. No entanto, o grau de descentralização das decisões nesses locais tende a ser menor, porque eles não geram receitas.

Os orçamentos dos centros de custos são associados apenas a gastos. Portanto, para que a missão orçamentária seja considerada cumprida – os gastos realizados ficarem iguais ou menores do que os orçados –, existe uma tendência natural dos gestores de centros de custos de *inflar* o orçamento para garantir que a tarefa dada seja cumprida. O corporativo, que está preocupado com o aumento do lucro, tende a desconfiar do orçamento do departamento, devido àquela tendência natural, nascendo um problema de agência por essa incongruência de objetivos.

Incongruência de objetivos

A incongruência de objetivos está relacionada à dificuldade que a empresa tem em entender como os centros de custos participam do resultado. A dificuldade quanto aos resultados dos centros de custos ocorre porque esses departamentos, em geral, são vistos como unidades que não vendem nenhum produto ou serviço e, portanto, só têm responsabilidade e autoridade sobre seus gastos, mas não sobre a receita.

Preço de transferência

Para tentar descentralizar melhor o controle nos centros de custos, seguindo o princípio da *accountability*, algumas empresas usam um mecanismo chamado de *preço de transferência*, que tem como objetivo entender melhor quais departamentos participam do resultado de forma positiva ou negativa. Esse mecanismo transforma centros de custo em centros de *pseudolucro* – centros de custo que simulam a apuração de resultado, lucro ou prejuízo, por meio de lançamentos gerenciais. Com ele, podemos apurar os resultados dos centros de custos, simulando a venda de produtos ou serviços de unidades internas para outras.

O preço de transferência gera receita para a unidade que vende o produto ou serviço e gera custo para a unidade que compra. Existem quatro métodos mais comuns: baseado no mercado, baseado em custo, negociado e duplo. O segredo para entendermos preços de transferência é tratar todas as unidades da empresa como se fossem empresas diferentes, que vendem e compram produtos entre si.

Vamos entender melhor esse conceito com um exemplo apresentado na figura 10. A empresa Guarabom tem três divisões: uma que produz, outra que engarrafa e outra que distribui seus refrigerantes de guaraná.

Figura 10
Divisões da empresa Guarabom

Nesse exemplo, os custos plenos – custos totais ou custos fixos mais variáveis – das divisões são:

- R$ 0,18 para produzir o xarope;
- R$ 0,11 para engarrafar o refrigerante – misturar o xarope com água;
- R$ 0,20 para distribuir o refrigerante.

Se a empresa optasse por vender xarope no mercado, o mercado estaria disposto a pagar R$ 0,16 por litro. Se optasse por vender o refrigerante para distribuidoras, já engarrafado, elas estariam dispostas a pagar R$ 0,29 por litro de refrigerante. Atualmente, o mercado – bares, restaurantes – paga pelo refrigerante R$ 0,60 por litro.

O primeiro passo, em relação à estrutura da Guarabom, é entender que o preço de transferência é apenas gerencial e o resultado da empresa não pode mudar, independentemente do método utilizado. A empresa vende o refrigerante por R$ 0,60, gasta R$ 0,18 para produzir, R$ 0,11 para engarrafar e R$ 0,20 para distribuir. Desse modo, o resultado da empresa, por litro, é:

- preço do guaraná = R$ 0,60;
- custo de produção = R$ 0,18;
- custo de envasamento = R$ 0,11;
- custo de distribuição = R$ 0,20;
- resultado por litro = R$ 0,11.

É importante destacar que, independentemente do método de preço de transferência a ser usado, o preço da última divisão – aquela que realmente efetua a venda para o mercado externo, nesse caso, a divisão de distribuição – será sempre o preço de mercado, porque essa divisão está realmente vendendo o produto ou serviço. O lançamento não é gerencial.

O resultado, no caso da Guarabom, foi positivo – o que é bom, mas não significa que todas as divisões fizeram um bom trabalho. Da mesma forma, quando o resultado da empresa é negativo, não significa que todas as divisões fizeram um mau trabalho. O que o preço de transferência tenta é elucidar quem participou de forma positiva ou negativa para o resultado de R$ 0,11 e, a partir daí, criar mecanismos de estímulo mais justos. Remunerar melhor quem participou de forma mais efetiva para o resultado positivo e pior quem participou de forma negativa pode ser um mecanismo de estímulo mais justo.

Preço de transferência baseado no mercado

Definição do método

O preço de transferência baseado no mercado tenta medir a efetividade das divisões por meio da comparação com o mercado. O método de tal preço funciona exatamente como o método de formação de preço usado em mercados de concorrência perfeita – *commodities*, por exemplo. Pesquisamos, no mercado, quanto se paga por um produto ou serviço semelhante e usamos essa base para formar o preço.

Retomemos o exemplo da empresa de guaraná Guarabom. O mercado compra xarope de guaraná a R$ 0,16 o litro e, portanto, é o preço

Coleção Gestão financeira

que a divisão de produção cobra da divisão de envasamento por esse produto. As distribuidoras pagam R$ 0,29 pelo refrigerante já engarrafado das engarrafadoras e vendem para bares e restaurantes a R$ 0,60.

Em resumo, temos:

- preço de transferência da divisão de produção = R$ 0,16;
- preço de transferência da divisão de envasamento = R$ 0,29;
- preço de transferência da divisão de distribuição = R$ 0,60.

Vamos apurar o resultado de cada divisão da empresa de guaraná – produção, envasamento e distribuição – pelo método de preço de transferência baseado no mercado. A tabela 4 mostra os itens relacionados a cada divisão da empresa:

Tabela 4
MÉTODO DE PREÇO DE TRANSFERÊNCIA BASEADO NO MERCADO

Produção	
Preço	R$ 0,16
Custo de transferência	R$ 0,00
Custo pleno	- R$ 0,18
Resultado	- R$ 0,02
Envasamento	
Preço	R$ 0,29
Custo de transferência	- R$ 0,16
Custo pleno	- R$ 0,11
Resultado	R$ 0,02
Distribuição	
Preço	R$ 0,60
Custo de transferência	- R$ 0,29
Custo pleno	- R$ 0,20

continua

Distribuição	
Resultado	R$ 0,11
Soma das divisões	**R$ 0,11**

▨ Gerencial   ■ Financeiro

Para entendermos preços de transferência, precisamos tratar cada divisão da Guarabom como se fosse uma empresa independente.

As divisões são três:

A) Produção:

Se fosse vender o xarope, o mercado pagaria R$ 0,16 por litro desse produto. Como a divisão de produção não *compra* nada de divisões anteriores porque o processo inicia nessa divisão, a receita é abatida apenas de seus custos plenos de R$ 0,18 por litro de xarope. A divisão de produção não consegue fabricar o xarope a preços abaixo do valor pago pelo mercado, contribuindo, negativamente, com R$ 0,02 por litro desse produto para o resultado de R$ 0,11 da empresa. Logo, a divisão de produção é ineficiente.

B) Envasamento:

O mercado (as distribuidoras) paga R$ 0,29 pelo litro de refrigerante. Para poder vendê-lo, a divisão de envasamento precisa comprar o xarope da divisão de produção, que cobra o preço praticado no mercado por esse produto (R$ 0,16 por litro) e ainda gasta R$ 0,11 de custos para transformar xarope em refrigerante. A divisão de envasamento recebe R$ 0,29 e gasta R$ 0,27 (R$ 0,16 + R$ 0,11), contribuindo, positivamente, com R$ 0,02 por litro para o lucro de R$ 0,11 da empresa.

C) Distribuição:

Na divisão de distribuição – por ser a última, independentemente do método –, o preço será o de mercado, porque essa divisão está, realmente, vendendo o refrigerante. O preço cobrado por litro de refrigerante

Coleção Gestão financeira

foi R$ 0,60, mas a divisão comprou o refrigerante da divisão de envasamento por R$ 0,29 e gastou mais R$ 0,20 de custos próprios – custo pleno – para distribuí-lo. Dessa forma, a divisão teve uma receita de R$ 0,60 por litro de refrigerante vendido, gastando R$ 0,49 de custos (R$ 0,29 + R$ 0,20), o que contribuindo positivamente com R$ 0,11 para o lucro da empresa.

Se olharmos com cuidado, veremos que todos os lançamentos de preço de transferência desaparecem do sistema contábil e, ao final, ficam apenas os resultados financeiros. A receita de transferência da divisão de produção é exatamente o custo de transferência da divisão de envasamento – a primeira divisão *vende* para a segunda, e o preço da primeira é o custo da segunda. Como os lançamentos têm, exatamente, o mesmo valor, mas com sinais contrários, eles se anulam. Vejamos, na tabela 5, a demonstração dos resultados gerenciais da produção e do envasamento:

Tabela 5
Resultados gerenciais da produção e do envasamento

Produção	
Preço	R$ 0,16
Custo de transferência	R$ 0,00
Custo pleno	- R$ 0,18
Resultado	- R$ 0,02
Envasamento	
Preço	R$ 0,29
Custo de transferência	- R$ 0,16
Custo pleno	- R$ 0,11
Resultado	R$ 0,02

▨ Gerencial   ■ Financeiro

Vejamos, na tabela 6, a demonstração dos resultados gerenciais do envasamento e da distribuição, que compra o refrigerante da divisão de envasamento. A receita de um é custo do outro e não tem impacto financeiro para a empresa.

Tabela 6

RESULTADOS GERENCIAIS DO ENVASAMENTO E DA DISTRIBUIÇÃO

Envasamento	
Preço	R$ 0,29
Custo de transferência	- R$ 0,16
Custo pleno	- R$ 0,11
Resultado	R$ 0,02
Distribuição	
Preço	R$ 0,60
Custo de transferência	- R$ 0,29
Custo pleno	- R$ 0,20
Resultado	R$ 0,11

■ Gerencial   ■ Financeiro

Melhora dos modelos de controle

Com o método do preço de transferência, podemos entender quais as divisões contribuíram positivamente (envasamento e distribuição) e negativamente (produção) para o resultado. Dessa forma, podemos, por exemplo, criar mecanismos de remuneração mais justos. As empresas, atualmente, dão participação dos lucros para os funcionários, tentando, de alguma forma, aumentar a congruência de objetivos entre os funcionários e a empresa. O objetivo dessa ação é fazer com que as decisões individuais visem também à geração de impacto positivo em toda a corporação, reduzindo os problemas de agência. Quando a empresa vai bem, os funcionários sentem isso *no bolso*, o mesmo acontecendo em caso contrário.

Com o método de preço de transferência, podemos melhorar ainda mais os mecanismos de remuneração, dividindo-o em três partes:

- uma associada às atividades individuais do funcionário;
- uma associada ao resultado da divisão a que o funcionário pertence;
- uma associada ao resultado da empresa.

No caso do exemplo da Guarabom, o resultado da empresa é positivo e os funcionários receberiam participação nesse resultado. Contudo, o bônus das divisões de envasamento e distribuição seria maior do que o bônus da divisão de produção, já que essa divisão não participou, de forma positiva, para o resultado.

A figura 11 mostra, esquematicamente, o modelo de remuneração que as empresas que usam preço de transferência podem adotar:

Figura 11
MODELO DE REMUNERAÇÃO – PREÇO DE TRANSFERÊNCIA

Modelo melhor

Existe um consenso na literatura de que o modelo de preço de transferência baseado no mercado é o que melhor mede a eficiência das divisões. O mercado é um grande agente de pressão sobre a eficiência das empresas quando a concorrência existe.

Dessa forma, salvo situações especiais, o modelo de preço de transferência baseado no mercado seria o preferido a ser adotado. Contudo, para podermos utilizar esse modelo, é necessário que tenhamos produtos ou serviços intermediários comercializados no mercado.

O objetivo é usarmos os preços cobrados pelas empresas que os comercializam como base para formarmos o preço de transferência. Como nem sempre é possível praticar esse procedimento, precisamos de outros mecanismos para usarmos como ferramenta de gestão.

Preço de transferência baseado em custos

Markup

Em situações em que não temos um mercado bem formado de produtos ou serviços intermediários, uma opção viável é usar preços de transferência baseados em custos. Nesse modelo, formamos o preço de transferência a partir da adição de uma margem sobre os custos – *markup*.

Vamos usar o exemplo da empresa Guarabom para entendermos o modelo do preço de transferência baseado em custos. Suponhamos que o preço de transferência usado será o preço a 110% – o preço é 110% dos custos ou a margem é de 10% sobre os custos, *markup* de 10%. O primeiro passo, nesse caso, é apurar o custo, já que é a base para a formação do preço. Vamos trabalhar apenas com duas casas decimais e fazer alguns arredondamentos para facilitar o entendimento.

A) Produção:

A divisão de produção tem custos plenos de R$ 0,18, que são os únicos custos, já que essa divisão inicia o processo de produção sem receber produtos ou serviços de unidades intermediárias. Como o preço é 110% dos custos, então: preço = R$ 0,18 × 1,1 = 0,20.

B) Envasamento:

A divisão de envasamento compra o xarope da divisão de produção a R$ 0,20 e adiciona seus próprios custos aos produtos (custos plenos de R$ 0,11), totalizando R$ 0,31 de custos. Colocando os 10% de *markup* (custo a 110%), obtemos: preço = R$ 0,31 × 1,1 = R$ 0,34.

C) Distribuição:

É a última divisão. Como a distribuição faz a venda de fato para o mercado (não é um lançamento gerencial), o preço será sempre o cobrado pelo mercado, independentemente do método (ou seja, R$ 0,60). Em resumo, temos:

- preço de transferência da divisão de produção = R$ 0,20;
- preço de transferência da divisão de envasamento = R$ 0,34;
- preço de transferência da divisão de distribuição = R$ 0,60.

A tabela 7 mostra um esquema da apuração do resultado:

Tabela 7
ESQUEMA DA APURAÇÃO DO RESULTADO

Produção	
Preço	R$ 0,20
Custo de transferência	R$ 0,00
Custo pleno	- R$ 0,18
Resultado	R$ 0,02
Envasamento	
Preço	R$ 0,34
Custo de transferência	- R$ 0,20
Custo pleno	- R$ 0,11
Resultado	R$ 0,03
Distribuição	
Preço	R$ 0,60
Custo de transferência	- R$ 0,34
Custo pleno	- R$ 0,20

continua

Controladoria

Distribuição

Resultado	R$ 0,06
Soma das divisões	**R$ 0,11**

▨ Gerencial   ■ Financeiro

Para entender preços de transferência, precisamos tratar cada divisão – de produção, de envasamento, de distribuição – como se fosse uma empresa independente.

A) Produção do xarope:

Como a regra é preço a 110% do custo, a divisão de produção vende a R$ 0,20 para a divisão de envasamento (R$ 0,18 × 1,1). A divisão que produz o xarope não compra nada de divisões anteriores porque o processo inicia nessa divisão – a receita é abatida apenas de seus custos plenos de R$ 0,18 por litro de xarope. A divisão de produção participa com R$ 0,02 por litro de xarope para o resultado de R$ 0,11 da empresa.

B) Envasamento do refrigerante:

A divisão de envasamento cobra R$ 0,34 por litro de refrigerante da divisão de distribuição porque coloca *markup* de 10% [(R$ 0,20 + R$ 0,11) × 1,1]. Como a divisão de envasamento compra o xarope da divisão de produção a R$ 0,20 e gasta R$ 0,11 para transformar o xarope em refrigerante, ela lucra R$ 0,03 nessa operação.

C) Distribuição do produto:

Na divisão de distribuição, por ser a última, independentemente do método, o preço será o de mercado porque essa divisão está realmente vendendo o refrigerante. O preço cobrado por litro de refrigerante foi R$ 0,60, mas a divisão comprou o refrigerante da divisão de envasamento por R$ 0,34 e gastou mais R$ 0,20 de custos próprios (custo pleno) para distribuí-lo. Desse modo, a divisão teve uma receita de R$ 0,60

Coleção Gestão financeira

por litro de refrigerante vendido, gastando R$ 0,54 de custos (R$ 0,34 + R$ 0,20), contribuindo, positivamente, com R$ 0,06 centavos para o lucro de R$ 0,11 da empresa.

Assim como o método de mercado, se olharmos com cuidado, veremos que todos os lançamentos de preço de transferência desaparecem do sistema contábil e, ao final, ficam apenas os resultados financeiros. A receita de transferência da divisão de produção é exatamente o custo de transferência da divisão de envasamento. A divisão de produção *vende* para a divisão de envasamento, e o preço da divisão de produção é o custo da divisão de envasamento.

Como os lançamentos de preço de transferência têm exatamente o mesmo valor, mas com sinais contrários, eles se anulam. Vejamos a tabela 8:

Tabela 8
DEMONSTRATIVO DA PRODUÇÃO E DO ENVASAMENTO

Produção	
Preço	R$ 0,20
Custo de transferência	R$ 0,00
Custo pleno	- R$ 0,18
Resultado	R$ 0,02
Envasamento	
Preço	R$ 0,34
Custo de transferência	R$ 0,20
Custo pleno	- R$ 0,11
Resultado	R$ 0,03

■ Gerencial   ■ Financeiro

Vejamos, na tabela 9, o demonstrativo da distribuição, que compra o refrigerante da divisão de envasamento. A receita de um é custo do outro, não tendo impacto financeiro para a empresa.

Tabela 9

DEMONSTRATIVO DA DISTRIBUIÇÃO

Produção	
Preço	R$ 0,34
Custo de transferência	- R$ 0,20
Custo pleno	- R$ 0,11
Resultado	R$ 0,03
Envasamento	
Preço	R$ 0,60
Custo de transferência	- R$ 0,34
Custo pleno	- R$ 0,20
Resultado	R$ 0,06

■ Gerencial   ■ Financeiro

Monopólio e concorrência

Se repararmos, o modelo de preço de transferência baseado em custos traz sempre resultado positivo para as divisões. É exatamente o que ocorre em mercados em que a empresa tem monopólio – não existem grandes preocupações por eficiência, já que a empresa, por falta de concorrência, consegue ditar o preço.

O governo acaba interferindo muito nesses mercados para tentar proteger o consumidor, já que não existe concorrência para fazer esse papel.

Apuração de custos

Se o preço de transferência for aplicado sobre o custo, não será um mecanismo que ajude a empresa a entender quais divisões são eficientes e ineficientes. Para tentar resolver o problema, as empresas apuram o preço de transferência com um *markup* sobre o custo padrão – custo em situação ideal de produção – e o custo apurado é o custo real.

Apesar de a estratégia ajudar, o custo padrão mede a eficiência em comparação com a própria empresa, mas não em relação ao mercado. O problema é que a vantagem competitiva é sempre comparativa e o mercado sempre dita a eficiência.

Certa vez, em viagem a uma cidade pequena no interior do Brasil, um aluno de pós-graduação fez a seguinte pergunta:

> Professor, eu sou consultor há muitos anos nesta cidade e, apesar de estar aprendendo técnicas de gestão sofisticadas neste curso, nunca vi nenhuma empresa que trabalhei aplicá-las. Na verdade, eu vi empresas ganhando muito dinheiro fazendo coisas que, em grandes centros, seriam consideradas muito ultrapassadas. E o pior é que algumas delas ganham bastante dinheiro. Por que isso acontece?

A resposta foi a seguinte:

> Vantagem competitiva é comparativa: elas ganham dinheiro com técnicas consideradas ultrapassadas, porque seus concorrentes também não conhecem técnicas melhores. O dia que a globalização trouxer concorrentes mais modernos, as coisas tendem a ser diferentes. Reflita sobre a abertura da economia, que se iniciou no governo Collor de Melo. Muitas empresas brasileiras faliram. As que sobreviveram aprenderam a competir olhando também para fora, e não apenas olhando para dentro.

Preço de transferência negociado

Valores inferiores e superiores

Apesar de, em situações regulares, o preço de mercado definir a eficiência, existem situações em que as empresas negociam valores inferiores ou superiores. Os valores superiores são negociados nos casos em que o produto está escasso e as empresas cobram ágio, por exemplo, ao preço de mercado. Já os valores inferiores são negociados em casos em que a empresa tem grande ociosidade e cobra valores abaixo dos praticados pelo mercado, por exemplo.

O método de preço de transferência baseado no mercado simula essas situações. O que define o preço a ser cobrado entre as divisões é uma negociação. Alguns autores como Horngren,[13] inclusive, classificam o preço de transferência baseado no mercado como um caso especial de preço negociado, como, por exemplo, no caso em que a negociação foi o preço médio que o mercado cobra por um produto ou serviço realizado pelas divisões intermediárias.

Funcionamento

O método do preço negociado funciona muito bem quando existe liberdade de escolha das fontes pelas unidades. Elas têm autorização para comprar de fontes externas à empresa quando acharem interessante.

Para entender melhor o método de preço de transferência baseado no mercado, vamos analisar o exemplo da empresa Tele 10, que possui três divisões: produção, embalagem e venda de telefones. Vejamos, na figura 12, a estrutura de custos dessas divisões e o preço praticado no mercado pelos produtos e serviços intermediários (produção de telefone e embalagem), e final (venda do telefone):

---

[13] HORNGREN, C. T.; SUNDEM, G. L.; STRATTON, W. O. *Contabilidade gerencial*. 12. ed. São Paulo: Pearson Prentice Hall, 2004.

Figura 12
DIVISÕES DA EMPRESA TELE 10

Na empresa Tele 10, a divisão de embalagem possui capacidade para embalar 30.000 telefones por mês. A demanda atual da divisão, no entanto, é de apenas 20.000 telefones, ficando com capacidade ociosa de 10.000 telefones por mês.

A divisão de vendas da empresa Tele 10 recebeu uma proposta de um cliente para venda de 5.000 telefones por mês. Um executivo da divisão de vendas descobriu um fornecedor asiático disposto a fechar um contrato de fornecimento de 5.000 telefones com a mesma qualidade que a empresa Tele 10 os fabrica, a R$ 20,00, já com o custo do frete incluído – ou seja, R$ 4,00 abaixo do preço médio praticado pelo mercado atual. A figura 13 mostra, esquematicamente, a entrada do novo *player*:

Figura 13
Tele 10 – fornecedor asiático

Diante da proposta de fornecimento de 5.000 telefones a R$ 20,00 pelo fornecedor asiático, a divisão de embalagem da empresa Tele 10, negociando a preço de mercado, tenderia a ficar fora do novo negócio, visto que o preço de venda é R$ 4,00 acima do proposto. Vale a pena a divisão de embalagem cobrir a oferta vendendo os telefones para a divisão de vendas R$ 4,00 abaixo do preço de mercado? Pode parecer que, com a venda a R$ 20,00 e com custos no mesmo valor – teria de comprar o telefone da divisão de produção a R$ 14,00 e colocar seus R$ 6,00 de custos internos –, a divisão esteja *trabalhando de graça*.

Não é exatamente a verdade, pois, como existe capacidade ociosa, o custo fixo total tende a se manter constante e os custos fixos unitários tendem a cair.

Já que existe capacidade ociosa de 10.000 telefones por mês, os custos fixos totais da divisão de embalagens da empresa Tela 10 para atender à nova demanda de 5.000 unidades tendem a ser os mesmos. Vale a pena, portanto, *fazer negócio* sempre que o preço for maior do que os custos variáveis. A essa subtração – preço menos custo variável – chamamos de *margem de contribuição*, que define o ponto a partir do qual o negócio deixa de ser viável.

Como alguns custos não variam dentro da capacidade de produzir ou prestar serviços – chamados *custos fixos* –, sempre que a margem de contribuição for positiva, o resultado tende a receber o impacto positivo desse efeito.

Desse modo, temos a demonstração do impacto positivo:

- preço = R$ 20,00;
- custo variável = (R$ 15,00);
- compra do telefone = (R$ 14,00);
- embalagem = (R$ 1,00);
- margem de contribuição = R$ 5,00;
- quantidade = 5.000,00;
- margem de contribuição total = R$ 25.000,00.

O preço cobrado seria R$ 20,00 por telefone. Como os custos variáveis são R$ 15,00 (R$ 14,00 do telefone e R$ 1,00 para embalar), a margem de contribuição seria positiva em R$ 5,00. A proposta envolve 5.000 telefones e, portanto, a margem de contribuição total é de R$ 25.000,00 (R$ 5,00 × 5.000). Vamos comprovar que o resultado da divisão será impactado exatamente na magnitude de R$ 25.000,00.

Os custos fixos totais não variam por unidade, porém o custo fixo unitário sofre um efeito chamado *diluição*. Quanto mais produzimos ou prestamos serviços, o custo fixo total é dividido por uma quantidade maior e o custo fixo unitário cai, ocorrendo exatamente o inverso em caso contrário. Como chegamos à conta de R$ 5,00 de custo fixo unitário?

Chegamos à conta de R$ 5,00 de custo fixo unitário porque consideramos que esse cálculo foi feito para 20.000 *serviços de embalagem* de telefone, e, portanto, fazendo a conta R$ 5,00 × 20.000, obtemos o custo total de R$ 100.000,00. O custo fixo unitário aumenta ou diminui em função dos serviços prestados ou produtos produzidos; no entanto, esse é apenas um efeito diluição.

A divisão de embalagens da empresa Tele 10 gasta R$ 100.000,00 por mês, independentemente da quantidade de serviços de embalagens feitos, dentro da capacidade máxima de 30.000 telefones por mês. Com essa informação, vamos calcular o resultado total da divisão, vendendo 20.000 telefones a R$ 24,00 – o que já se fazia antes da proposta nova – e vendendo 5.000 telefones a R$ 20,00, por ter aceitado a nova proposta.

Tabela 10
CÁLCULOS DOS GASTOS DA DIVISÃO

	Mercado	Negociado	Total
Preço	R$ 24,00	R$ 20,00	
Custo variável	(R$ 15,00)	(R$ 15,00)	
Compra do telefone	(R$ 14,00)	(R$ 14,00)	
Embalagem	(R$ 1,00)	(R$ 1,00)	
Margem de contribuição	R$ 9,00	R$ 5,00	
Quantidade	20.000	5.000	25.000
Margem de contribuição total	R$ 180.000,00	R$ 25.000,00	R$ 205.000,00
Custo fixo	(R$ 100.000,00)		(R$ 100.000,00)
Resultado	**R$ 80.000,00**	**R$ 25.000,00**	**R$ 105.000,00**

O resultado antes do novo contrato era de R$ 80.000,00 (coluna *mercado*). Após o novo contrato (coluna *negociado*), o resultado total da divisão passou para R$ 105.000,00 (exatamente o aumento de R$ 25.000,00 que visualizamos usando o conceito da margem de contribuição). Desse modo, dizemos que o novo contrato contribuiu com R$ 25.000,00 para o resultado total da divisão.

Preço de transferência duplo

Eficiência *versus* eficácia

Vimos que o método de preço de transferência baseado em custos tende a proteger a divisão e, portanto, esconder a ineficiência. O objetivo do preço de transferência é entender as unidades que participam positiva ou negativamente do resultado a fim de saber quem é e quem não é eficiente. Logo, esse método só deveria ser usado em casos especiais e, mesmo assim, utilizando o conceito de custo padrão para tentar minimizar o problema.

Há, contudo, situações em que a ineficiência da divisão não é responsabilidade do executivo responsável por ela. Em alguns casos, a ineficiência é fruto de uma conjuntura específica ou de alguma decisão estratégica para a companhia que sobrepõe decisões da divisão.

Imaginemos que uma empresa tenha várias divisões e uma delas esteja localizada no México. Essa divisão foi gerida, por muitos anos, por um executivo que não fez um bom trabalho, provocando consecutivos resultados negativos. A empresa, que considera a divisão mexicana estratégica, resolveu enviar seu melhor executivo para *recuperar* a divisão mexicana.

Por melhor que o executivo pudesse ser, demorou algum tempo para que os resultados de seu trabalho começassem a aparecer. Se a empresa que tem uma divisão no México usasse o método de preço de transferência baseado no mercado, o executivo se sentiria desestimulado, porque o resultado negativo não é fruto de seu trabalho, mas efeito da má gestão passada. Para proteger esse executivo, a empresa poderia usar, por tempo determinado, o método de preço de transferência baseado no custo.

O preço baseado no custo, como usa o conceito de margem sobre o custo – *markup* –, garante que a divisão tenha resultado positivo, protegendo o executivo, inclusive sua remuneração, que, muitas vezes, está associada ao resultado da unidade. O conceito de margem sobre o custo é equivalente ao que as empresas fazem quando colocam um vendedor em uma área nova.

No início, é natural que a área venda pouco, e, para não desestimular o vendedor, a empresa coloca uma remuneração fixa, por tempo determinado. Depois de algum tempo, a remuneração fixa deixa de fazer parte do salário do vendedor, ou diminui consideravelmente em relação a sua remuneração total, deixando que o salário variável reflita a eficácia desse profissional.

Modelo de preço duplo

Com o objetivo de realizar uma proteção estratégica da divisão, o modelo de preço duplo forma o preço baseado em custo, com o conceito de *markup*. No entanto, se a divisão ineficiente vender para as outras divisões da empresa o produto ou serviço intermediário com preço baseado no custo, ela *empurrará* sua ineficiência para as outras divisões.

A divisão que está *comprando* o produto ou serviço, evitando ser *contaminada* pela divisão ineficiente, deve pagar apenas o preço que o mercado cobra pelo produto.

A diferença entre o preço baseado no custo e o preço baseado no mercado é uma ineficiência que deve ser atribuída à empresa, como subsídio, já que foi uma decisão corporativa subsidiar a ineficiência.

A empresa de refrigerante Guararuim, concorrente da empresa Guarabom, possui três divisões: uma que produz, outra que engarrafa e uma terceira que distribui seus refrigerantes de guaraná. A figura 14 mostra como funciona a Guararuim:

Figura 14
Divisões da empresa Guararuim

Antes de iniciarmos o raciocínio de preço duplo, temos de lembrar que *preço de transferência* é um mecanismo gerencial e, portanto, o resultado financeiro da empresa não será alterado. Vejamos, na tabela 11, o resultado financeiro da empresa Guararuim:

Tabela 11
Resultado financeiro da Guararuim

Preço		**R$ 0,60**
Custo pleno		**(R$ 0,65)**
Produção	(R$ 0,20)	
Envasamento	(R$ 0,13)	
Distribuição	(R$ 0,32)	
Resultado		**(R$ 0,05)**

A empresa Guararuim vende o refrigerante a R$ 0,60 o litro, gastando R$ 0,20 para produzir o xarope, R$ 0,13 para transformar o xarope em refrigerante e engarrafar, e R$ 0,32 para distribuir. Portanto, seu resultado é negativo em R$ 0,05 o litro.

Para entender melhor quem participa de forma positiva ou negativa do resultado, o presidente da empresa resolveu implantar o método de preço de transferência baseado no mercado.

Tabela 12
PRODUÇÃO, ENVASAMENTO E DISTRIBUIÇÃO DA GUARARUIM

		Mercado
Produção	Receita	R$ 0,16
	Custo de transferência	R$ 0,00
	Custo pleno	**(R$ 0,20)**
	Resultado	(R$ 0,04)
Envasamento	Receita	R$ 0,29
	Custo de transferência	R$ 0,16
	Custo pleno	**(R$ 0,13)**
	Resultado	R$ 0,00
Distribuição	Receita	**R$ 0,60**
	Custo de transferência	(R$ 0,29)
	Custo pleno	**(R$ 0,32)**
	Resultado	(R$ 0,01)
Somatório das divisões		**(R$ 0,01)**
Subsídio		**R$ 0,00**
Resultado da empresa		**(R$ 0,05)**

■ Gerencial   ■ Financeiro

Coleção Gestão financeira

A análise da tabela 12, que exemplifica o método de preço de transferência baseado no mercado, mostrou que:

- as divisões de produção e distribuição contribuíam negativamente para o resultado;
- a divisão de envasamento não gerava lucro nem prejuízo.

Uma análise mais detalhada mostrou que a divisão de produção não era eficiente porque, quando essa divisão foi montada, a equipe que fez a análise de viabilidade do projeto superestimou a demanda do mercado e a fábrica foi montada com uma capacidade instalada maior do que a necessária. O problema não afetou as divisões de envasamento e distribuição porque parte dos serviços era terceirizada, podendo aumentar ou diminuir de acordo com a demanda.

A análise mostrou que o executivo da divisão de produção não era responsável pelo resultado ruim, mas que, na verdade, esse era fruto de uma estimativa equivocada de demanda. Para proteger a divisão de produção, que não era responsável pelo resultado ruim, a empresa resolveu deixar que o resultado dessa divisão fosse apurado com *markup* de 10% – preço a 110% dos custos.

Vamos apurar o resultado das divisões. Como o preço duplo usa informações do método de preço de transferência baseado no custo para formar o preço de transferência e utiliza o método baseado no mercado para formar o custo de transferência, o primeiro passo é apurarmos o resultado de cada divisão com os dois métodos. A tabela 13 mostra a apuração do resultado de cada divisão:

Tabela 13
Resultado das divisões da Guararuim

		Mercado	Custo	Duplo	
Produção	Receita	R$ 0,16	R$ 0,22	R$ 0,22	
	Custo de transferência	R$ 0,00	R$ 0,00	R$ 0,00	R$ 0,06 subsídio
	Custo pleno	(R$ 0,20)	(R$ 0,20)	(R$ 0,20)	
	Resultado	(R$ 0,04)	R$ 0,02	R$ 0,02	
Envasamento	Receita	R$ 0,29	R$ 0,39	R$ 0,29	
	Custo de transferência	(R$ 0,16)	(R$ 0,22)	(R$ 0,16)	
	Custo pleno	(R$ 0,13)	(R$ 0,13)	(R$ 0,13)	
	Resultado	R$ 0,00	R$ 0,04	R$ 0,00	

■ Gerencial   ■ Financeiro

Logo, como o custo pleno da divisão de produção é R$ 0,20, colocando *markup* de 10%, ela venderia o xarope a R$ 0,22 (R$ 0,20 × 1,1), gerando um *markup* de 10% (R$ 0,02).

Como o mercado paga apenas R$ 0,16 pelo xarope, a empresa Guararuim estaria piorando ainda mais seu resultado da divisão de envasamento se essa divisão pagasse R$ 0,22. Desse modo, a divisão de envasamento estaria sendo obrigada a comprar um produto a um preço acima do mercado.

Para resolver o problema, a empresa resolveu implantar o método de *preço duplo*, protegendo a divisão de produção com *markup* de 10%, mas deixando que a divisão de envasamento pagasse apenas o valor pelo qual é comercializado o xarope no mercado (R$ 0,16).

A diferença de R$ 0,06 (ou seja, R$ 0,22 – R$ 0,16) é um subsídio que a empresa resolveu oferecer para não responsabilizar a divisão de produção por um resultado que não é de sua responsabilidade. Os resultados de cada divisão e da empresa ficam evidenciados na tabela 14:

Tabela 14
RESULTADO DAS DIVISÕES DA GUARARUIM

		Mercado	Custo	Duplo
Produção	Receita	R$ 0,16	R$ 0,22	R$ 0,22
	Custo de transferência	R$ 0,00	R$ 0,00	R$ 0,00
	Custo pleno	(R$ 0,20)	(R$ 0,20)	(R$ 0,20)
	Resultado	(R$ 0,04)	R$ 0,02	R$ 0,02
Envasamento	Receita	R$ 0,29	R$ 0,39	R$ 0,29
	Custo de transferência	(R$ 0,16)	(R$ 0,22)	(R$ 0,16)
	Custo pleno	(R$ 0,13)	(R$ 0,13)	(R$ 0,13)
	Resultado	R$ 0,00	R$ 0,04	R$ 0,00
Distribuição	Receita	R$ 0,60	R$ 0,60	R$ 0,60
	Custo de transferência	(R$ 0,29)	(R$ 0,39)	(R$ 0,29)
	Custo pleno	(R$ 0,32)	(R$ 0,32)	(R$ 0,32)
	Resultado	(R$ 0,01)	(R$ 0,11)	(R$ 0,01)
	Somatório das divisões	(R$ 0,05)	(R$ 0,05)	R$ 0,01
	Subsídios	R$ 0,00	R$ 0,00	R$ 0,06
	Resultado da empresa	(R$ 0,05)	(R$ 0,05)	(R$ 0,05)

R$ 0,06 subsídio

■ Gerencial   ■ Financeiro

Na vida real, o preço duplo é usado apenas nas divisões que a empresa quer proteger por motivos estratégicos. Frisamos a frase *por motivos estratégicos* porque o intuito do mecanismo do preço de transferência é mostrar quais divisões são eficientes e quais não são. Se usarmos o preço

Controladoria /

duplo para proteger as divisões por motivos diferentes, o método perde seu sentido. Apesar de a utilização do preço duplo ser feita em divisões específicas, como estamos aprendendo o método, ao utilizarmos o preço duplo, o faremos em todas as divisões, com o intuito de treinar a mecânica do método. Vamos apurar, na tabela 15, o preço duplo para todas as divisões:

Tabela 15
Apuração do preço duplo

		Mercado	Custo	Duplo	
Produção	Receita	R$ 0,16	R$ 0,22	R$ 0,22	
	Custo de transferência	R$ 0,00	R$ 0,00	R$ 0,00	R$ 0,06 subsídio
	Custo pleno	(R$ 0,20)	(R$ 0,20)	(R$ 0,20)	
	Resultado	(R$ 0,04)	R$ 0,02	R$ 0,02	
Envasamento	Receita	R$ 0,29	R$ 0,39	R$ 0,39	
	Custo de transferência	(R$ 0,16)	(R$ 0,22)	(R$ 0,16)	
	Custo pleno	(R$ 0,13)	(R$ 0,13)	(R$ 0,13)	R$ 0,10 subsídio
	Resultado	R$ 0,00	R$ 0,04	R$ 0,10	
Distribuição	Receita	R$ 0,60	R$ 0,60	R$ 0,60	
	Custo de transferência	(R$ 0,29)	(R$ 0,39)	(R$ 0,29)	
	Custo pleno	(R$ 0,32)	(R$ 0,32)	(R$ 0,32)	
	Resultado	(R$ 0,01)	(R$ 0,11)	(R$ 0,01)	

continua

	Mercado	Custo	Duplo
Somatório das divisões	(R$ 0,05)	(R$ 0,05)	R$ 0,11
Subsídios	R$ 0,00	R$ 0,00	R$ 0,16
Resultado da empresa	**(R$ 0,05)**	**(R$ 0,05)**	**(R$ 0,05)**

$$\left] \begin{array}{c} \text{R\$ }0,06 \\ + \\ \text{R\$ }0,10 \end{array} \right.$$

■ Gerencial   ■ Financeiro

Além do subsídio da divisão de produção para a de envasamento, a empresa também subsidia a venda de refrigerante engarrafado para a divisão de distribuição. Para proteger a divisão de envasamento, a empresa *deixa* que essa divisão use preço baseado no custo como base para formação de preços e, desse modo, vende o xarope a R$ 0,39. Contudo, para evitarmos que a ineficiência da divisão de envasamento seja transferida para a divisão de distribuição, a última divisão paga apenas o preço pelo qual o mercado comercializa o refrigerante engarrafado (R$ 0,29).

Dessa forma, a diferença entre o preço que a divisão de envasamento vendeu e o preço que a divisão de distribuição pagou (ou seja, R$ 0,10 = R$ 0,39 – R$ 0,29) é um subsídio atribuído à empresa.

Reparemos que, como a última divisão sempre faz uma venda real, o preço duplo não pode ser praticado nessa divisão. A soma do resultado das divisões (R$ 0,11) é diferente do resultado da empresa (R$ 0,05), porque a empresa subsidiou o relacionamento entre as divisões em R$ 0,16.

Activity based costing (ABC)

Outra técnica de gestão

Podemos potencializar o uso do mecanismo de preços de transferência utilizando outras técnicas de gestão, como o sistema de custeio por atividades – *activity based costing* (ABC) –, por exemplo, e melhorar o nível da descentralização.

Atividades são unidades de trabalho com objetivo específico – em outras palavras, é tudo aquilo que fazemos no dia a dia de nossa empresa. Os sistemas de custeio tradicionais trabalham no nível de departamento, o que, na maioria das vezes, dificulta o entendimento do processo de formação de custos. A figura 15 mostra como os sistemas de custeio tradicionais trabalham no nível de departamento:

Figura 15
ATIVIDADES DENTRO DA EMPRESA

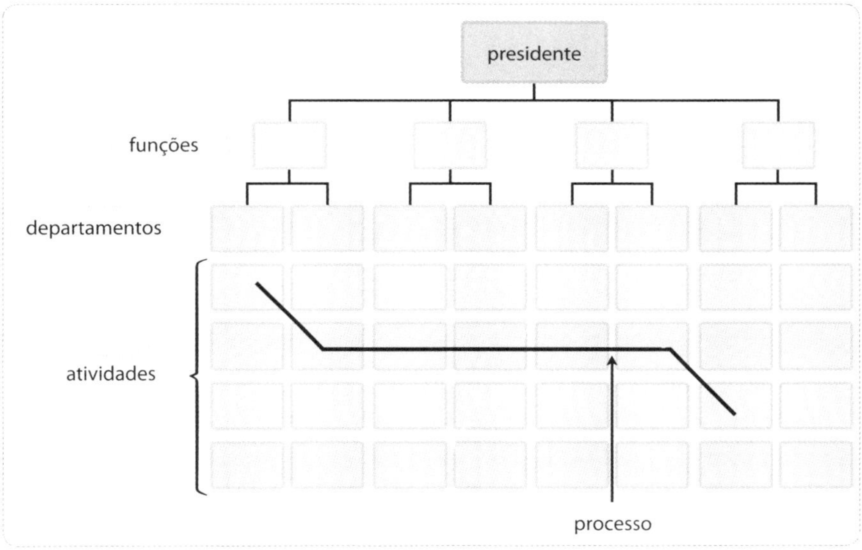

A lógica do ABC assume que as *atividades* consomem os *recursos*, e não os *produtos* – assunção do sistema de custeio tradicional.

No sistema de custeio por atividade, os objetos de custeio consomem as atividades. A figura 16 apresenta como se dá o consumo:

Figura 16
Sistema de custeio baseado em atividades

O foco muda do simples entendimento do que é *gasto* (postura passiva) para o entendimento de como e por que esses recursos são gastos (postura ativa), dando chance à empresa de gerenciar seus custos com maior eficiência.

Drivers

Para saber quanto custa um produto, serviço, cliente, fornecedor ou qualquer outro objeto a ser custeado, precisamos de um contador que expresse a relação causal entre a atividade e o que queremos custear. A relação causal é expressa pelos *drivers*, que são também chamados de *direcionadores de custos* ou *causadores de custos*. Se pensássemos em terceirizar uma atividade, a forma de cobrança seria o *driver*.

Por exemplo, imagine que uma empresa transporta seus executivos com carros e motoristas próprios – atividade de transportar executivos. A empresa resolveu terceirizar essa atividade para uma empresa de táxi.

Departamento de recursos humanos

Vamos examinar quatro atividades realizadas dentro do departamento de recursos humanos:

- treinamento;
- pesquisa;
- recrutamento;
- folha de pagamento.

Se fôssemos utilizar o método de custeio tradicional, iríamos escolher uma base de rateio que tentasse expressar os custos do departamento de recursos humanos. Uma boa escolha talvez fosse o número de funcionários da empresa, entendendo que, quanto mais funcionários a empresa tem, maior é o gasto com recursos humanos.

Dentro do departamento de recursos humanos, há várias atividades que não têm relação com o número de funcionários e nas quais o causador de custos – *driver* – é diferente, como mostra a figura 17:

Figura 17
Causadores de custos do departamento de RH

A atividade de treinamento está relacionada ao número de funcionários? Algumas empresas com quantidade semelhante de funcionários treinam muito; outras treinam pouco.

A quantidade de horas de treinamento, provavelmente, expressa melhor os custos com treinamento. Se terceirizarmos a atividade dessas horas, esse deve ser o *driver* escolhido pela empresa que prestará o serviço.

Alguns departamentos de RH fazem pesquisa de mercado – pesquisa salarial, por exemplo. O número de funcionários da empresa diz pouco sobre os custos associados à atividade de pesquisa de mercado. Em alguns casos, o número de pesquisas realizadas pelo RH define a quantidade de recursos – outras opções são horas de pesquisa, por exemplo – gastos pelo departamento.

O número de funcionários que a empresa tem está, necessariamente, associado aos recursos gastos com recrutamento? Muitas empresas têm altas taxas de *turnover* – taxa relativa à velocidade com que a empresa contrata e perde seus funcionários, ao passo que outras, do mesmo tamanho, mantêm o funcionário por muitos anos. Para algumas empresas, o número de recrutamentos, não o número de funcionários, expressa melhor os gastos com essa atividade. O número de funcionários parece ser um bom *driver*, expressando bem os gastos com essa atividade.

Uso do ABC

Por mais que, em uma empresa, os *drivers* sejam diferentes dos que já foram exemplificados, para o caso do departamento de recursos humanos, raramente estão associados à mesma variação. Dessa forma, o modelo de custeio por atividade se encaixa bem. Segundo Eliseu Martins,[14] o ABC é um sistema de custeio bastante útil quando um departamento tem muitos gastos indiretos e muita complexidade envolvida.

O processo de controle orçamentário em centros de resultado, como uma unidade de negócios de uma empresa, tem, em geral, maior congruência de objetivos entre a unidade e a empresa como um todo. Os dois estão preocupados com o resultado, e não isoladamente com os gastos (que medem eficiência) ou as receitas (que medem eficácia). Nesses centros de responsabilidade (centros de resultado), o processo de descentralização é mais fácil porque os mecanismos de controle são mais efetivos.

Podemos descentralizar melhor o controle, com a responsabilidade necessária para que isso aconteça, por meio de mecanismos mais sofisticados, sendo alguns:

- Ebitda ou Lajir ou Lajida – ganhos antes dos juros, impostos, depreciação e amortização ou potencial de geração de caixa com as operações da empresa;
- EVA – valor econômico adicionado ou lucro econômico;
- vários tipos diferentes de lucro – lucro bruto, lucro controlável, lucro antes do imposto de renda (Lair), etc.

Ao contrário, nos centros de custos, o processo orçamentário tende a ser mais subjetivo devido, principalmente, à dificuldade de medir a efetividade nesses centros.

Vamos usar como exemplo o departamento de recursos humanos da empresa. Em geral, uma unidade corporativa – em muitas empresas, é a

---

[14] MARTINS, Eliseu. *Contabilidade de custos*. 9. ed. São Paulo: Atlas, 2003.

Coleção Gestão financeira

controladoria corporativa que faz isso – faz um orçamento para o RH e o próprio departamento faz seu orçamento. Para definir qual será o orçamento que será considerado oficial, os dois departamentos conversam para chegar a um acordo. O departamento de recursos humanos vende atividades que são serviços, e, usando o sistema de custeio por atividade, é possível custear esses serviços.

A conversa entre departamentos quase nunca é simples por não terem a mesma congruência de objetivos. Isso acontece porque o departamento de recursos humanos não enxerga sua parcela de participação no lucro da empresa como a unidade de negócios faz, e a controladoria, se for essa a divisão que faz o orçamento corporativo, tende a achar que o departamento de recursos humanos irá superestimar seus gastos e discute o orçamento de uma forma, em geral, preconceituosa. Por outro lado, o departamento de recursos humanos, esperando que a controladoria corporativa vá solicitar cortes injustificáveis em seu orçamento, tende a inflar suas estimativas, para evitar que cortem, além da gordura, também os ossos. Qual é o orçamento ótimo nesse caso? É muito difícil de dizer. Como o departamento de recursos humanos não vende nada, fica difícil medir sua efetividade.

Vamos imaginar que o RH de uma empresa faça as atividades que usamos para exemplificar o sistema de custeio por atividade – isto é, treinamento, pesquisa, recrutamento e folha de pagamento. Vamos supor que o departamento financeiro tenha encomendado ao departamento de recursos humanos que recrutasse um analista de crédito. Usando o ABC, podemos verificar o custo dessa atividade. Vamos supor que custe, em média, R$ 8.000,00 – a tabela 16 mostra como iríamos apurar o resultado para o RH.

Tabela 16
APURAÇÃO DO RESULTADO DO RH

	RH	Financeiro	Empresa
Receita			0
Receita de transferência	10.000		10.000
Custo de transferência		(10.000)	(10.000)
Custo pleno	(8.000)		(8.000)
Resultado	2.000	(10.000)	(8.000)

Podemos consultar quanto as empresas de recrutamento, que prestam esse serviço com qualidade semelhante à de nossa empresa, cobram por esse serviço – supondo que cobrem, na média, R$ 10.000,00.

Departamento financeiro

O departamento financeiro não paga pelo custo do recrutamento, mas pelo preço que o mercado comercializa esse serviço. Esse mecanismo tem algumas vantagens de controle importantes. Vejamos duas:

- ampliação da capacidade de descentralização;
- melhora da *accountability*.

A empresa pode tratar um centro de custos como se fosse uma pequena empresa, descentralizando e controlando melhor. Poderíamos, por exemplo, medir o lucro, o Ebitda e o EVA com mecanismos muito semelhantes. Quando usamos preço de transferência para transformar centros de custos em centros de lucro, chamamos de *centros de pseudolucro*, pois o pseudolucro acontece porque, apesar de não estarmos gerando, efetivamente, lucro no departamento, estamos fazendo algo

Coleção Gestão financeira

mais barato do que o mercado e estamos deixando de gastar – o que, no *bottom line*, significa o mesmo.

Repare que, ao gastar, no RH, R$ 8.000,00 em vez de R$ 10.000,00, estamos impactando o resultado positivamente em R$ 2.000,00, isto é, deixando de gastar R$ 2.000,00.

Em um sistema de controle tradicional, é normal atribuir o custo dos departamentos de apoio ao de produção ou de serviço, por exemplo. Quando essa atribuição acontece, se o departamento de apoio é ineficiente, passa a ineficiência para o departamento seguinte, responsabilizando o departamento que recebeu os custos por algo pelo qual ele não tem responsabilidade. Com preço de transferência, essa ineficiência ficaria no próprio RH, como mostra a tabela 17:

Tabela 17
Apuração do resultado do rh

	RH	Financeiro	Empresa
Receita			0
Receita de transferência	10.000		10.000
Custo de transferência		(10.000)	(10.000)
Custo pleno	(12.000)		(12.000)
Resultado	(2.000)	(10.000)	(12.000)

Por exemplo, imagine que o departamento de RH fosse muito ineficiente e só conseguisse fazer o recrutamento de um analista de crédito por R$ 12.000,00, enquanto o mercado cobra R$ 10.000,00 por esse serviço. Nesse caso, o departamento financeiro estaria pagando pela ineficiência do RH, apesar de não ter nenhuma responsabilidade por esse serviço.

Preparação do sistema contábil

A maioria dos sistemas contábeis das empresas trabalha com centros de responsabilidade, como centros de custos, de resultado. Quando solicitamos que o sistema imprima a demonstração do resultado do exercício, por exemplo, ele *esconde* os centros de custos e as subcontas contábeis.

O sistema deixa apenas as contas contábeis que a empresa ache importante ou que a lei defina que apareçam. A empresa pode, por exemplo, programar o sistema para não mostrar as subcontas, que seriam gerentes, supervisores e técnicos, assim como os centros de responsabilidade financeiro, contabilidade, marketing e produção. Só apareceria, na DRE, a conta pessoal, totalizando R$ 277,00 de gastos.

Para operarmos com o preço de transferência, basta criarmos as contas contábeis de transferência – receita de transferência e custo de transferência – e programarmos o sistema para que elas não apareçam na DRE. Como os lançamentos são gerenciais e, ao final, irão se anular, o resultado não irá se alterar.

Usamos o resultado do departamento para controlar melhor sua efetividade e o resultado da empresa para saber o efeito das unidades combinadas, como podemos ver nos exemplos a seguir.

Tabela 18
Preço de transferência –
MOSTRANDO as contas de transferência

		RH	Financeiro	Unidade A	Unidade B	Empresa
	Centro de resultado					
Contas contábeis	Receita			70.000	80.000	150.000
	Receita de transferência	10.000				10.000
	Custo de transferência		(10.000)			(10.000)
	Custo pleno	(8.000)		(30.000)	(90.000)	(128.000)
	Resultado	**2.000**	**(10.000)**	**40.000**	**(10.000)**	**22.000**

Tabela 19

PREÇO DE TRANSFERÊNCIA – *ESCONDENDO*
AS CONTAS DE TRANSFERÊNCIA

		Centro de resultado			
		RH	Financeiro	Unidade A	Unidade B	Empresa
Contas contábeis	Receita			70.000	80.000	150.000
	Receita de transferência	**(8.000)**		**(30.000)**	**(90.000)**	**128.000**
	Custo de transferência	**(8.000)**	0	40.000	**(10.000)**	22.000

Tabela 20

PREÇO DE TRANSFERÊNCIA – *ESCONDENDO*
AS CONTAS DE TRANSFERÊNCIA E OS CENTROS
DE RESULTADO – DRE

		Empresa
	Receita	150.000
Contas contábeis	Custo pleno	**(128.000)**
	Resultado	22.000

É normal as empresas terem 100, 200, 300 ou até mais contas contábeis de resultado, mas, na DRE, mostrarem apenas algumas dezenas. Se entendemos, porém, o conceito para quatro contas, a partir daí é apenas uma questão de tecnologia de informação.

Autoavaliações

Questão 1:

Existem quatro métodos de preço de transferência mais comuns: baseado no mercado, baseado em custo, negociado e duplo.

Com relação ao preço de transferência baseado em custos, seria correto afirmar que:

a) formamos o preço de transferência usando o preço pago no mercado.
b) apuramos o preço de mercado e depois usamos essa base para formar o preço.
c) formamos o preço de transferência usando o preço médio negociado no mercado.
d) apuramos primeiro o custo, depois formamos o preço colocando uma margem sobre o custo.

Questão 2:

O segredo para entendermos preços de transferência é tratar todas as unidades da empresa como se fossem empresas diferentes, que vendem e compram produtos entre si.

Dessa forma, o objetivo do mecanismo de preços de transferência consiste em:

a) definir o melhor método de custeio a ser usado pela empresa.
b) comparar a eficiência da Lei nº 6.404/76 com a Lei nº 11.638/07.
c) transferir fundos de unidades superavitárias para unidades deficitárias da empresa.
d) entender melhor quais departamentos participam do resultado da empresa de forma positiva ou negativa.

Questão 3:

Para tentar descentralizar melhor o controle nos centros de custos, seguindo o princípio da *accountability*, algumas empresas usam um mecanismo chamado de preço de transferência.

Sendo assim, podemos definir preço de transferência como:

a) um mecanismo de controle que se propõe a comparar o preço entre concorrentes.
b) o preço pelo qual as empresas de capital aberto terão de negociar seus produtos ou serviços.
c) um mecanismo gerencial que se propõe a transformar centros de custo em centros de pseudolucro.
d) o preço pelo qual as empresas terão como base para avaliar os resultados nos centros de investimentos.

Questão 4:

Um centro de responsabilidade é criado para descentralizar a responsabilidade e autoridade, funcionando como se fosse um pequeno negócio dentro da empresa.

Podemos, então, ressaltar que a descentralização do controle é mais efetiva nos centros de:

a) receitas.
b) resultado.
c) custos disciplinados.
d) custos discricionários.

Questão 5:

O método do preço duplo utiliza informações do método de preço por transferência baseado no custo, para formar o preço de transferência, e baseado no mercado, para formar o custo de transferência.

Por motivos estratégicos ou conjunturais, para a empresa proteger certas unidades, esse método:

a) deve ser aplicado em unidades que são ineficientes.
b) nunca deve ser usado em unidades que são ineficientes.
c) nunca deve ser usado, porque é um método que esconde ineficiências.
d) deve ser sempre usado, porque é o método mais sofisticado de preço de transferência.

Questão 6:

O pseudolucro acontece porque, apesar de não estarmos gerando efetivamente lucro no departamento, estamos fazendo algo mais barato que o mercado, e estamos deixando de gastar.

Dessa forma, poderíamos dizer que transformar um centro de serviço, como o departamento de recursos humanos, em um centro de pseudolucro:

a) não é possível, porque esses departamentos são centros de custos disciplinados.
b) não é possível, porque esses departamentos são centros de custos discricionários.
c) é possível, se usarmos sinergicamente o sistema de custeio por atividade e preços de transferência.
d) é possível, se avaliarmos seu desempenho por meio de orçamentos de gastos esperados comparados com os gastos reais.

Questão 7:

O preço de transferência gera receita para a unidade que vende o produto/serviço e custo para a unidade que compra.

Existem quatro tipos mais comuns de preço de transferência, que são classificados da seguinte forma:

a) por absorção, por atividade, por custo e negociado.
b) baseado no mercado, baseado no custo, negociado e duplo.
c) baseado no mercado, baseado no custo, por absorção e negociado.
d) marginal tributado, duplo, baseado no mercado e baseado no custo.

Questão 8:

Quando existe liberdade de escolha das fontes pelas unidades, o método do preço negociado funciona muito bem.

Sendo assim, podemos afirmar que esse mecanismo representa um processo de apuração que é muito:

a) parecido com o método do preço duplo.
b) semelhante ao método do preço baseado no custo.
c) parecido com o método do preço orçado por produto.
d) semelhante ao método do preço baseado no mercado.

Questão 9:

Preço de transferência é um mecanismo gerencial que se propõe a transformar centros de custos em centros de pseudolucro.

Para utilizar preços de transferência, precisamos:

a) criar novos centros de responsabilidade para atender às particularidades desse método.

b) usar o sistema de custeio baseado em atividade como método de custeio para atender às exigências desse método.

c) usar o mesmo sistema contábil da empresa, apenas criando contas contábeis de preços, custos de transferência e contas de subsídio, para os casos de preço duplo.

d) criar um sistema contábil com contas e centros de custos completamente diferentes ao utilizado pela empresa, fazendo grandes adaptações em todo sistema contábil.

Questão 10:

Algumas empresas usam o mecanismo chamado preço de transferência com o intuito de descentralizar melhor o controle nos centros de custos.

Com relação ao mecanismo de preços de transferência, seria correto afirmar que a soma:

a) do resultado das unidades é sempre igual ao resultado da empresa.

b) dos resultados das unidades nunca é igual ao resultado da empresa.

c) dos resultados das unidades não é igual ao resultado da empresa no preço duplo.

d) do resultado das unidades não é igual ao resultado da empresa no preço negociado.

Módulo III – Análise de desempenho de relatórios financeiros

Módulo III – Análise de desempenho de relatórios financeiros

Neste módulo, estudaremos três ferramentas importantes para a análise de relatórios financeiros: a normalização de relatórios financeiros (a retirada de efeitos exógenos, que são os efeitos não controláveis pelos gestores), a análise real da evolução financeira da empresa e a segmentação das variações nos relatórios financeiros.

Metodologias de análise

Duas formas de análise

Em geral, as empresas analisam seus relatórios financeiros de duas formas:

- estudando o presente em relação ao passado – evolução histórica dos relatórios financeiros;
- observando o que realmente aconteceu em relação ao que era esperado – orçamentos.

É comum as empresas fazerem análises de evolução dos relatórios financeiros comparando períodos passados em relação aos relatórios atuais. Os períodos passados usados para a comparação com os relatórios atuais podem ser um mês, um trimestre, um semestre, um ano ou até períodos maiores.

Quando, por exemplo, as empresas de capital aberto publicam seus relatórios financeiros correntes em jornais, em geral, mostram alguns anos passados para que o investidor possa tirar suas conclusões sobre a evolução financeira da empresa.

Um executivo, ao deixar a direção de uma grande empresa, fez a seguinte afirmação em um jornal de grande circulação: "Durante minha gestão, a receita da empresa cresceu de R$ 5,514 bilhões, em 1999, para R$ 7,043 bilhões, em 2003, e o Ebitda aumentou de R$ 1,529 bilhão para R$ 1,783 bilhão, no mesmo período".

Supondo que receita e Ebitda sejam ótimos indicadores para entender se o executivo cumpriu bem seu papel – não é tão simples assim. Esses indicadores são importantes dentro de um contexto e, de forma isolada, não são suficientes para responder à pergunta: Ter crescido aproximadamente 28% em receita e cerca de 17% no Ebitda é bom? E se a inflação foi maior que esses percentuais de crescimento? A empresa teria crescimento nominal, mas não teria crescimento real – descontando a inflação.

Para melhor analisarmos a evolução dos relatórios financeiros, é importante observarmos o que aconteceu com o mercado. O crescimento pode ter ocorrido em um período no qual o mercado cresceu muito, mas a empresa, apesar de ter crescido acima da inflação, teve crescimento

Controladoria /

bem inferior à média do mercado. Naquele período, pode ter havido uma grande crise no mercado e a empresa, apesar de ter crescido menos do que a inflação, cresceu acima da média do mercado.

Mudança na estrutura e fatores importantes

É comum que mudanças na estrutura societária da empresa levem a grandes mudanças no resultado da análise de desempenho. Por exemplo, grandes fusões ou aquisições podem modificar bastante as receitas, os gastos e o resultado. Portanto, essas grandes variações precisam ser levadas em consideração para analisar a evolução dos relatórios financeiros. É fácil ver as mudanças na estrutura societária, se pensarmos na fusão da Antarctica e da Brahma, criando a AmBev.

Para fazermos uma boa análise da evolução dos relatórios financeiros de uma empresa, devemos considerar alguns fatores importantes:

- variáveis macroeconômicas – como inflação e taxas de câmbio;
- evolução do mercado;
- mudança estrutural – fusão e aquisição, por exemplo.

Revistas especializadas que analisam a conjuntura do mercado são excelentes ferramentas para análise da evolução dos relatórios financeiros de uma empresa. Por exemplo, a revista *Conjuntura Econômica*, publicação da FGV, e a revista *Exame Melhores e Maiores*, publicação da Editora Abril, fazem excelentes análises conjunturais.

Vamos estudar três tipos de ferramentas importantes para a tarefa de análise da evolução dos relatórios financeiros:

- normalização;
- análise real;
- segmentação dos efeitos combinados na variação dos relatórios financeiros.

Normalização de relatórios econômicos

Ciclo de vida

Todo produto tem um ciclo de vida. Imaginemos que a figura 18 represente bem o ciclo de um produto que tenha 20 anos de vida:

Figura 18
Exemplo de ciclo de vida de um produto

É natural que o gerente desse produto espere vendas nos primeiros anos sempre crescentes. É possível, entretanto, que esse produto também passe por uma fase de estagnação, seguida por decrescimento – quando, por exemplo, o produto começa a ser substituído por uma tecnologia mais moderna.

Se olharmos apenas para o passado, podemos criar falsas expectativas de venda, achando que o produto tende sempre a crescer. No caso do ciclo de vida do produto ilustrado na figura 18, esperamos vendas cada vez maiores até, aproximadamente, o décimo ano, mas sabemos que o produto deve ter vendas decrescentes daí em diante.

Orçamento e ferramentas de controle

O *orçamento* é um relatório de controle que tenta incorporar variáveis futuras, não apenas variáveis passadas. Um bom orçamento mantém os colaboradores sempre motivados, definindo metas desafiadoras, mas passíveis de serem alcançadas.

Uma das grandes atividades que a controladoria faz é sua análise, visando acompanhar se o que esperávamos está ou não acontecendo e explicando as causas que fizeram o realizado ser diferente do orçado quando isso acontece.

Em geral, os orçamentos são ferramentas de controle muito importantes para que a empresa possa descentralizar o controle para as mãos de seus executivos. A empresa, por sua vez, pretendendo criar congruência de objetivos, associa parte da remuneração desses executivos ao cumprimento dos orçamentos pelos quais são responsáveis ou corresponsáveis.

Contudo, quando o orçamento é criado, a empresa cria uma série de premissas sobre o comportamento do mercado, dos preços, do clima, da taxa de câmbio, da concorrência.

Como as premissas são baseadas em previsões, por mais que os modelos preditivos atualmente utilizados sejam consideravelmente melhores do que os modelos utilizados no passado, são estimativas, e muitos fatores não são controláveis. Ao analisamos, portanto, o que aconteceu (o realizado) em relação a nossas previsões (o orçado), alguns fatores que não são controláveis pelos funcionários da empresa responsáveis por controlar o orçamento podem ter impactado significativamente esse relatório.

Para entendermos como fatores não controláveis pelos funcionários podem ter impacto significativo no relatório financeiro, vejamos alguns exemplos.

A) Pílulas de farinha:

Há algum tempo, um conceituado laboratório multinacional teve um problema sério em sua subsidiária brasileira. Um lote de pílulas anticoncepcionais que seria usado para estudos científicos duplos-cegos foi desviado por engano e vendido como a medicação real. O estudo científico duplo-cego é feito para avaliar características da medicação, no qual uma parte dos pacientes toma a medicação e outra toma placebos – medicação sem efeito; no caso em pauta, farinha.

Muitas mulheres que engravidaram afirmaram ter tomado pílulas do lote defeituoso e atribuíram a gravidez à falta de eficácia da pílula que elas chamaram de pílula de farinha. Para investigar o caso, o Ministério da Saúde fechou o laboratório que fabricava o medicamento por alguns meses.

Nessa época, o mercado de pílulas anticoncepcionais brasileiro era dominado por três multinacionais, representadas por suas filiais. Entre as empresas, estava o laboratório que teve sua produção brasileira interrompida. Os três laboratórios fizeram orçamento para o ano em que aconteceu esse problema no ano anterior, como de costume. É fácil imaginar que o orçamento de receitas feito pelos dois laboratórios que não passaram por esse problema foi cumprido com facilidade.

B) Caso Varig:

Há alguns anos, a Varig passou por uma grave crise financeira. Nesse período, se o orçamento da Tam e da Gol não estivesse contemplando a premissa do controle, teria sido difícil cumpri-lo?

C) Mal da vaca louca:

Segundo o *site Saúde Animal*, a doença da vaca louca, também conhecida como *bovine spongiform encephalopathy* (BSE) – sigla em inglês para encefalopatia bovina espongiforme –, surgiu no Reino Unido, em 1986, e se disseminou para outros países da Comunidade Europeia.

A disseminação aconteceu devido à reciclagem, sem controle, de carne, ossos, sangue e vísceras usados na fabricação de ração animal. Em 1995, um inglês de 19 anos foi a primeira vítima da doença de Creutzfeldt-Jakob, cuja origem foi atribuída à ingestão de carne contaminada. Vários casos de encefalopatias em pessoas foram constatados devido ao consumo de carne de animais contaminados.

D) Flutuação cambial:

Em 2002, Luiz Inácio Lula da Silva candidatou-se a presidente do Brasil pela quinta vez, vencendo as eleições. Naquele ano, muitas pessoas achavam que a esquerda assumiria o poder no Brasil e iria mudar, radicalmente, o rumo da economia, com uma forte tendência à estatização. Tal fator fez a sensação de risco que os outros países tinham em relação ao Brasil aumentar muito, afetando radicalmente o risco país – risco Brasil – e a taxa de dólar.

Imaginemos que muitas empresas fizeram seus orçamentos em 2001 para o ano de 2002 sem imaginar que o dólar dobraria de valor em relação ao real. As empresas brasileiras que compram seus produtos do exterior, provavelmente, estouraram o orçamento.

E) Análise das situações:

Analisemos com cuidado as quatro situações conhecidas. Quanto do resultado realizado estava associado a uma boa gestão e quanto foi apenas conjuntura do mercado? É uma pergunta difícil de responder, mas é função da controladoria esforçar-se nesse sentido. A tentativa de tirar os efeitos exógenos – efeitos que não são controláveis pelos gestores – da análise entre o realizado e o orçado chamamos de *normalização dos relatórios financeiros*.

Colaboradores motivados

A normalização dos relatórios financeiros é muito importante para que os orçamentos possam ser ferramentas de controle que mantenham os colaboradores motivados para buscar atingir os objetivos corporativos. Um orçamento bem elaborado e controlado cria congruência entre os objetivos pessoais e corporativos.

Evolução financeira da empresa

Crescimento nominal *versus* real

Quando analisamos o crescimento da empresa por alguns anos, podemos ter a falsa impressão de que a empresa cresceu muito. No entanto, se o crescimento foi abaixo da inflação, essa empresa teve crescimento nominal, mas não teve crescimento real. Uma empresa pode, portanto, ter crescido, mas ter perdido poder de compra, que foi corroído pela inflação.

Um executivo, ao deixar a direção de uma grande empresa, fez a seguinte afirmação em um jornal de grande circulação: "Durante minha

Coleção Gestão financeira

gestão, a receita da empresa cresceu de R$ 5,514 bilhões, em 1999, para R$ 7,043 bilhões, em 2003, e o Ebitda aumentou de R$ 1,529 bilhão para R$ 1,783 bilhão, no mesmo período".

Supondo que receita e Ebitda são ótimos indicadores para entender se o executivo cumpriu bem seu papel, ter crescido, aproximadamente, 28% em receita e cerca de 17% no Ebitda é bom? Não é tão simples assim. Esses indicadores são importantes dentro de um contexto, mas, de forma isolada, não são suficientes para responder à pergunta.

Se a receita da empresa cresceu de R$ 5,514 bilhões, em 1999, para R$ 7,043 bilhões, em 2003, e o Ebitda aumentou de R$ 1,529 bilhão para R$ 1,783 bilhão, no mesmo período, temos a seguinte demonstração do crescimento nominal.

Tabela 21
CRESCIMENTO NOMINAL

	1999	2003	Variação
Receita	5.514	7.043	**27,73%**
Ebitda	1.529	1.783	**16,61%**

Para responder à pergunta – se ter crescido, aproximadamente, 28% em receita e cerca de 17% no Ebitda é bom –, o primeiro passo é achar a inflação acumulada no período de 2000 até 2003. Os economistas usam vários indicadores de inflação. Aqui utilizaremos sempre o IPCA, porque é o indicador oficial utilizado pelo governo. Os dados da tabela IPCA-IBGE são:

Tabela 22
IPCA-IBGE

Ano	2000	2001	2002	2003
jan	0,62%	0,57%	0,52%	2,25%
fev	0,13%	0,46%	0,36%	1,57%
mar	0,22%	0,38%	0,60%	1,23%
abr	0,42%	0,58%	0,80%	0,97%
mai	0,01%	0,41%	0,21%	0,61%
jun	0,23%	0,52%	0,42%	-0,15%
jul	1,61%	1,33%	1,19%	0,20%
ago	1,31%	0,70%	0,65%	0,34%
set	0,23%	0,28%	0,72%	0,78%
out	0,14%	0,83%	1,31%	0,29%
nov	0,32%	0,71%	3,02%	0,34%
dez	0,59%	0,65%	2,10%	0,52%
Acumulado	**5,97%**	**7,67%**	**12,53%**	**9,30%**

Fonte: IBGE.

Para encontrarmos a inflação acumulada, precisamos trabalhar com o fator, isto é:

$$\text{fator} = 1 + i$$

Onde **i** é a taxa de inflação, ou seja, uma inflação de 15% tem fator de 1,15.

Observemos, novamente, a tabela 22. Transformando-a em fatores – somando 1 a todos os índices de inflação –, temos o seguinte resultado:

Tabela 23
FATORES DO IPCA

Ano	2000	2001	2002	2003
jan	1,0062	1,0057	1,0052	1,0225
fev	1,0013	1,0046	1,0036	1,0157
mar	1,0022	1,0038	1,006	1,0123
abr	1,0042	1,0058	1,008	1,0097
mai	1,0001	1,0041	1,0021	1,0061
jun	1,0023	1,0052	1,0042	0,9985
jul	1,0161	1,0133	1,0119	1,0020
ago	1,0131	1,007	1,0065	1,0034
set	1,0023	1,0028	1,0072	1,0078
out	1,0014	1,0083	1,0131	1,0029
nov	1,0032	1,0071	1,0302	1,0034
dez	1,0059	1,0065	1,021	1,0052
Acumulado	**1,0597**	**1,0767**	**1,1253**	**1,093**

Para achar a inflação acumulada nos quatro anos, precisamos multiplicar os fatores da inflação de cada um desses anos. Assim foi calculada a inflação anual. Em 2000, por exemplo, multiplicam-se todos os fatores, de janeiro a dezembro, achando 1,0597. Depois tiramos 1 e multiplicamos por 100, e chegaremos à inflação de 2000 de 5,97%. Desse modo, 1,0597 × 1,0767 × 1,1253 × 1,093 = 1,4034. Um fator de inflação acumulada de 1,4034 que corresponde à inflação de 40,34% no período.

Para compararmos o efeito do crescimento, precisamos agora atualizar a receita de 1999 pela inflação acumulada até 2003, a fim de podermos analisar os dois anos com base no mesmo poder de compra relativo ao relatório de 2003 e, dessa forma, verificar se ocorreu crescimento real. Para isso, multiplicamos os dados de 1999 pelo fator da inflação nesse período, que foi 1,4034. Logo, temos o seguinte resultado.

Tabela 24
CRESCIMENTO NOMINAL *VERSUS* CRESCIMENTO REAL

	Crescimento nominal		
	1999	2003	Variação
Receita	5.514	7.043	**27,73%**
Ebitda	1.529	1.783	**16,61%**

×
1,4034

	Crescimento real		
	2003	2003	Variação
Receita	7.738	7.043	-8,99%
Ebitda	2.146	1.783	-16,91%

Podemos verificar que, apesar de ter ocorrido crescimento nominal no período, ocorreu decrescimento real, o que é mais importante.

Análise de balanços

Uma ferramenta muito comum para análise do desempenho histórico das empresas é a análise de balanços. As empresas usam a análise horizontal, que é a análise da variação das contas da empresa em alguns períodos – em geral, três ou quatro anos.

Agora que já aprendemos a atualizar monetariamente os relatórios financeiros, vamos usar essa técnica para fazer a análise horizontal real – tirando o efeito da inflação – para a empresa Vale. Vejamos a tabela 25 com a análise horizontal de alguns indicadores financeiros da Vale, publicados em seu *site*:

Coleção Gestão financeira

Tabela 25
Análise horizontal nominal de alguns indicadores da Vale

	2006	AH	2005	AH	2004	AH	2003
Receita	R$ 46.746	**32,24%**	R$ 35.350	**21,81%**	R$ 29.020	**38,88%**	R$ 20.895
Ebitda	R$ 22.759	**36,27%**	R$ 16.701	**36,35%**	R$ 12.249	**51,22%**	R$ 8.100
Lucro líquido	R$ 13.431	**28,61%**	R$ 10.443	**61,66%**	R$ 6.460	**46,27%**	R$ 4.509

Controloadoria /

O relatório mostra quatro anos de informações que podem ser comparadas. A coluna AH é a análise do crescimento do ano em estudo em relação ao ano anterior. Desse modo, podemos verificar, por exemplo, que a receita de 2006 cresceu, em relação a 2005, 32,24%, e de 2005 em relação a 2004, cresceu 21,81%.

Para fazermos a análise horizontal real, precisamos primeiro do IPCA de 2004, 2005 e 2006, que podemos conseguir no *site* do IBGE. Vejamos a tabela 26, que apresenta a análise horizontal real:

Tabela 26
ANÁLISE HORIZONTAL REAL

IPCA	Inflação	Fator
2004	7,60%	1,0760
2005	5,59%	1,0559
2006	3,14%	1,0314

O próximo passo é, com base na inflação, atualizarmos os relatórios financeiros anuais da Vale para mesmo poder de compra de 2006, a fim de compararmos se ocorreu crescimento real. Dessa forma, o relatório de 2003 sofrerá correção da inflação relativa aos anos de 2004, 2005 e 2006 (**1,0760 × 1,0559 × 1,0314 = 1,1718** ou 17,18% de inflação no período). O relatório de 2004 sofrerá correção relativa aos anos de 2005 e 2006 (**1,0559 × 1,0314 = 1,0891** ou 8,91% de inflação no período). O relatório de 2005 sofrerá correção apenas da inflação do ano de 2006 (3,14% de inflação no período). Vejamos, na tabela a seguir, uma demonstração do cálculo:

Tabela 27
Análise horizontal nominal de alguns indicadores da Vale

	2006	AH	2005	AH	2004	AH	2003
Receita	R$ 46.746	32,24%	R$ 35.350	21,81%	R$ 29.020	38,88%	R$ 20.895
Ebitda	R$ 22.759	36,27%	R$ 16.701	36,35%	R$ 12.249	51,22%	R$ 8.100
Lucro líquido	R$ 13.431	28,61%	R$ 10.443	61,66%	R$ 6.460	43,27%	R$ 4.509
Impacto da inflação			2006		2005/2006		2004/2005/2006
Fator acumulado			1,0314		1,0891		1,1718

Portanto, multiplicando o relatório do ano pelo fator acumulado do período (por exemplo, a receita nominal de 2003 foi de R$ 20.895 × fator acumulado de 2004 a 2006 de 1,1718 = R$ 24.485, que é a receita nominal de 2003 corrigida para valores reais de 2006), teremos todos os quatro anos com o mesmo poder de compra do relatório de 2006. Observemos, na tabela a seguir, uma demonstração do cálculo:

Tabela 28
ANÁLISE HORIZONTAL NOMINAL DE ALGUNS INDICADORES DA VALE

	2006	AH	2005	AH	2004	AH	2003
Receita	R$ 46.746	28,21%	R$ 36.460	15,36%	R$ 31.604	29,08%	R$ 24.485
Ebitda	R$ 22.759	32,12%	R$ 17.225	29,13%	R$ 13.340	40,54%	R$ 9.492
Lucro líquido	R$ 13.431	24,70%	R$ 10.771	53,10%	R$ 7.035	33,15%	R$ 5.284

Dessa forma, podemos verificar que ocorre crescimento dos três indicadores estudados da Vale (receita, Ebitda e lucro líquido), mas, como era de se esperar, o crescimento real é menor que o nominal.

Segmentação dos efeitos

Variações possíveis

Conforme destacamos anteriormente, uma ferramenta de controle muito utilizada é o orçamento. Uma tarefa muito importante da controladoria, no entanto, é explicar as variações que ocorrem no realizado em comparação ao que foi orçado. Vamos usar a figura 19 para entender melhor as variações possíveis de um orçamento:

Figura 19
EXEMPLO DE VARIAÇÕES QUE IMPACTAM O RESULTADO

Fonte: adaptado de Anthony e Govindarajan (2002, p. 515).

Explicar os motivos das variações produto a produto não é tarefa das mais difíceis. Por exemplo, um supermercado pode ter gerado uma receita menor do que a esperada para determinada marca de cerveja porque fez uma promoção esperando ter aumentos consideráveis no volume de venda, o que não aconteceu.

Quando a controladoria explica as variações entre real e orçado – para os executivos-chefes de unidades de negócio, por exemplo –, se essas pessoas são responsáveis por muitos produtos, eles mostram-se mais preocupados com o efeito resultante das variações em todos os produtos do que em um produto ou outro especificamente. A variação produto a produto é mais importante para, por exemplo, o gerente daquele produto. O real, portanto, pode variar em relação ao orçado por vários fatores.

Aprender a segmentar as variações na maior quantidade possível de frações é uma ferramenta muito importante para entender melhor quais estratégias negociais deram certo e quais foram ineficientes. Por exemplo, quando a receita de uma empresa não correspondeu ao que se esperava, quanto dessa variação estava relacionado a fatores como:

- dar mais ou menos descontos do que o esperado – variação no preço;
- vender produtos do portfólio da empresa que são mais baratos ou mais caros do que o esperado – variação do *mix*;
- vender mais ou menos produtos do que o esperado – variação no volume.

Além disso, a empresa pode ter aumentado muito o volume de vendas porque o mercado em que estava inserida cresceu muito, mas ela perdeu participação nesse mercado. Nesse caso, pode ser que seu pessoal de vendas não tenha feito um trabalho tão bom assim. Eles foram apenas "levados pelos bons ventos".

O mercado poderia estar em retração, mas o pessoal de vendas foi tão capaz que conseguiu ganhar muito *market share* – participação no mercado – e, mesmo com o mercado caindo, venderam mais do que o esperado. Vamos aprender a analisar alguns desses efeitos combinados no resultado, focando esse estudo na análise da variação da receita. Obviamente, essa não é a única segmentação das variações que pode ser estudada. Essas segmentações podem ser feitas para receitas, custos e despesas.

Coleção Gestão financeira

Exemplo intuitivo – açougue da família Vargas

Para iniciarmos o estudo das variações, vamos recorrer a um exemplo intuitivo. Supomos que a família de Getúlio fosse dona de um açougue. O sr. Vargas, pai de Getúlio, teve de se ausentar e deixou o açougue sob sua responsabilidade. Seu pai tinha acabado de receber uma ligação de um cliente antigo que estava fazendo um churrasco e perguntou se a picanha estava macia. Como a resposta foi positiva, o cliente havia falado para o sr. Vargas que estava indo para o açougue comprar 1 kg de picanha, que ele vendia a R$ 15,00. O sr. Vargas saiu, deixando com Getúlio a incumbência de atender bem o cliente.

Getúlio, que tinha acabado um curso de administração de empresas, queria mostrar ao pai que era capaz de administrar os negócios da família e ficou pensando em uma forma de surpreendê-lo quando ele retornasse. Administrador neófito, sabia que seu pai esperava, ao voltar, encontrar no caixa da empresa R$ 15,00 relativos à picanha que o cliente viria buscar. Quando o cliente chegou, Getúlio propôs que, se o cliente levasse a peça inteira de picanha – supondo a peça com 4 kg – faria o quilo a R$ 10,00, com desconto de R$ 5,00 no quilo. O cliente aceitou a oferta e levou os 4 quilos. Qual foi a variação entre o que o sr. Vargas esperava que acontecesse (orçamento) e o que realmente aconteceu (real)? Vejamos a demonstração na tabela 29:

Tabela 29
EXPECTATIVA

	Preço	Quantidade	Receita
Orçado	R$ 15,00	1	R$ 15,00
Real	R$ 10,00	4	R$ 40,00
Variação	**(R$ 5,00)**	3	R$ 25,00

Quando o sr. Vargas chegou, Getúlio, empolgado por ter conseguido R$ 25,00 a mais do que seu pai esperava, foi correndo contar a novidade. Para seu espanto, o sr. Vargas não ficou muito satisfeito com o ocorrido, dizendo que o filho dera um desconto muito grande.

Tentando contra-argumentar, Getúlio disse ao pai que vendera bem mais do que o pai esperava. É fácil entender que, na atitude de Getúlio, dois efeitos geraram o aumento de R$ 25,00, um positivo e um negativo. O aumento do volume vendido ou quantidade vendida impactou positivamente a receita, mas o desconto a impactou negativamente.

Para poder entender melhor a variação, precisamos descobrir qual é o efeito isolado de cada uma dessas variáveis – maior quantidade e menor preço. Vamos usar essa técnica para estudar as variações.

Quando damos descontos para vender mais – no caso de Getúlio, R$ 5,00 de desconto para vender 3 kg a mais –, esse desconto age apenas sobre as unidades a mais que vendemos ou sobre tudo o que vendemos? Age sobre tudo o que vendemos, isto é, a quantidade real vendida.

Para sabermos o efeito do preço no resultado, multiplicamos a variação do preço – desconto ou preço real menos preço orçado – pela quantidade real vendida. Vamos à fórmula:

$$\Delta P = (Pr - Po) \times Qr$$

Onde:

- ΔP – impacto na receita pela variação do preço;
- Pr – preço real;
- Po – preço orçado;
- Qr – quantidade real.

Aplicando a fórmula $\Delta P = (Pr - Po) \times Qr$ ao caso da venda no açougue, temos $\Delta P = (R\$ 10,00 - R\$ 15,00) \times 4 = - R\$ 20,00$.

Para estudar o efeito isolado da variação de quantidade na variação da receita, é só *fingirmos* que o preço não variou. Se tivéssemos, portanto, vendido três unidades sem dar o desconto, a receita real deveria ser R$ 45,00, ou seja, 3 × R$ 15,00.

Para estudarmos o efeito isolado da variação da quantidade na variação de receita, multiplicamos a variação de quantidade – quantidade real menos a quantidade orçada pelo preço orçado –, já que o efeito preço já foi estudado anteriormente, ou seja:

Coleção Gestão financeira

$$\Delta Q = (Qr - Qo) \times Po$$

Aplicando ao caso da venda no açougue, temos $\Delta Q = (4 - 1) \times$ R\$ 15,00 = R\$ 45,00. Onde:

- ΔQ – impacto na receita pela variação de quantidade – exemplo intuitivo;
- Qr – quantidade real;
- Qo – quantidade orçada;
- Po – preço orçado.

Agora podemos separar a variação da receita em dois fatores isolados, variação de preço e de quantidade:

Tabela 30
VARIAÇÃO E RECEITA

	Receita
Preço	**(RS 20,00)**
Quantidade	R\$ 45,00
Variação	R\$ 25,00

Exemplo com mais produtos

Para entendermos outras variações importantes, vamos passar para um caso em que a empresa tenha mais de um produto. A empresa FGV vende três produtos: A, B e C. A variação entre a receita real e orçada em determinado período foi a apresentada na tabela 31:

Tabela 31
RECEITA REAL E RECEITA ORÇADA

Produto	Preço unitário (R$)	Real Quantidade	*Mix* de vendas	Receita
A	0,80	135.000	30,00%	108.000
B	2,50	202.500	45,00%	506.250
C	2,20	112.500	25,00%	247.500
Total	-	**450.000**	**100%**	**861.750**
	Preço unitário (R$)	Orçamento Quantidade	*Mix* de vendas	Receita
A	1,00	123.000	30,00%	123.000
B	2,00	143.500	35,00%	287.000
C	3,00	143.500	35,00%	430.500
Total	-	**410.000**	**100%**	**840.500**

Logo:

Tabela 32
VARIAÇÃO DA RECEITA

Receita real	861.750
Receita orçada	840.500
Variação	21.250
Variação percentual	2,47%

Vamos usar as técnicas aplicadas ao caso do açougue para definir mais algumas variáveis que impactaram a variação da receita, cujo efeito conjunto foi de uma variação positiva de R$ 21.250,00 – faturamos R$ 21.250,00 a mais do que o esperado.

Impacto na receita

Variação do preço (ΔP)

Um impacto na receita pode ser causado pela variação interna do preço. Vejamos a fórmula:

$$\Delta P = \Sigma(Pr - Po) \times Qr$$

Onde:

- ΔP – impacto na receita pela variação do preço;
- Pr – preço real;
- Po – preço orçado;
- Qr – quantidade real.

Dessa forma, aplicando o mesmo raciocínio do açougue para os três produtos da FGV, temos o seguinte resultado:

Tabela 33
VARIAÇÃO DE PREÇO

Produto	(1) Preço unitário real	(2) Preço unitário orçado	(1) – (2) (3) Desvio unitário de preço	(4) Quantidade real – unidades	(3) × (4) Desvio total de preço
A	0,80	1,00	(0,20)	135.000	**(27.000)**
B	2,50	2,00	0,50	202.500	101.250
C	2,20	3,00	(0,80)	112.500	**(90.000)**
Total				450.000	(15.750)

Podemos dizer que, do impacto positivo no orçamento de receita de R$ 21.250,00, nem tudo foi positivo. A empresa deu descontos maiores do que os esperados, impactando negativamente em R$ 15.750,00 o orçamento. Vejamos um esquema ilustrativo da variação de preço:

Figura 20
VARIAÇÃO DE PREÇO

Se o impacto total na variação no orçamento de receita foi de R$ 21.250,00 e o efeito isolado de preço foi negativo em R$ 15.750,00, é de se esperar que os outros efeitos combinados sejam positivos para compensar o efeito negativo do preço e ainda gerar um efeito positivo na receita. Ainda que, por diferença, a variação na receita seja de R$ 21.250,00 e no preço seja negativa de R$ 15.750,00, os outros efeitos precisam ser de R$ 37.000,00 para pagar o efeito negativo do preço de R$ 15.750,00 e provocar o efeito positivo na receita de R$ 21.250,00. Vejamos um esquema ilustrativo da variação combinada:

Figura 21
VARIAÇÃO COMBINADA

Para estudar os outros efeitos, vamos utilizar novamente o aprendizado intuitivo do exemplo do açougue. Achamos o impacto na variação da quantidade no aumento de receita da empresa, por meio da variação da quantidade (quantidade real menos quantidade orçada) e da multiplicação pelo preço orçado – usamos o preço orçado para não deixar que a variável preço influencie o resultado. Dessa forma:

$$\Delta Q = \Sigma(Qr - Qo) \times Po$$

Vejamos sua aplicação ao caso:

Tabela 34
IMPACTO NA VARIAÇÃO DA QUANTIDADE

Produto (1)	Quantida-de real (2)	Quantidade orçada (3)	Desvio (4) 2 – 3	Preço unitário orçado R$ (5)	Desvio R$ (6) 4 × 5
A	135.000	123.000	12.000	1,00	12.000
B	202.500	143.500	59.000	2,00	118.000
C	112.500	143.500	(31.000)	3,00	(93.000)
Total	**450.000**	**410.000**	**40.000**	-	**37.000**

Chegamos aos R$ 37.000,00 esperados. Agora, perguntamos: nesses R$ 37.000,00, estão apenas os efeitos relacionados à variação de volume? Se for verdade, considerando que o efeito preço já foi tirado dessa conta – quando multiplicamos pelo preço orçado –, se não ocorresse variação total no volume, o resultado deveria ser zero. Vamos ver a seguinte simulação:

Tabela 35
VARIAÇÃO NÃO APENAS DE QUANTIDADE

Produto (1)	Quantida-de real (2)	Quantidade orçada (3)	Desvio (4) 2 – 3	Preço unitário orçado R$ (5)	Desvio R$ (6) 4 × 5
A	80.000	123.000	(43.000)	1	(43.000)
B	197.500	143.500	54.000	2	108.000
C	132.500	143.500	(11.000)	3	(33.000)
Total	**410.000**	**410.000**	**0**	-	**32.000**

Reparemos que a quantidade total não variou entre o real e o orça-do, mas ocorreu um impacto positivo na receita de R$ 32.000,00, ou seja, se existem situações em que mesmo a quantidade total não varia e a receita continua tendo variações, esse efeito não pode ser apenas associado à quantidade.

Efeito *mix*

Imaginemos que uma empresa pretende vender três produtos: um produto que custa R$ 10,00, outro que custa R$ 100,00 e um terceiro que custa R$ 1.000,00. Se a venda acontecer, a receita será de R$ 1.110,00 (ou seja, R$ 10 + R$ 100 + R$ 1.000).

No entanto, a empresa pode vender a mesma quantidade – três produtos – e ter uma receita bem diferente. Por exemplo, se vendesse três unidades do produto mais caro, a receita seria de R$ 3.000,00 (ou seja, 3 × R$ 1.000).

Na tabela 36, apesar de não haver variação na quantidade total, continua existindo impacto no orçamento. No caso do produto exemplificado nessa tabela, esse efeito não aparecia, porque tínhamos apenas um produto e, nesse caso, obviamente, não existe *mix*.

Tabela 36
IMPACTO NO ORÇAMENTO

Produto (1)	Qualidade real (2)	Qualidade orçado (3)	Desvio (4) 2 – 3	Preço unitário orçado R$ (5)	Desvio R$ (6) 4 × 5
A	80.000	123.000	(43.000)	1	(43.000)
B	197.500	143.500	54.000	2	108.000
C	132.500	143.500	(11.000)	3	(33.000)
Total	**410.000**	**410.000**	**0**	**-**	**32.000**

A variação da receita, além de sofrer os efeitos de variação de preço e de quantidade, também sofre o efeito de vender produtos de sua linha mais caros ou mais baratos do que o esperado. Formalizando, a variação combinada de quantidade e *mix* pode ser achada com a equação:

$$\Delta(Q + M) = \Sigma(Qr - Qo) \times Po$$

Onde:

- $\Delta(Q + M)$ – impacto na receita pela variação combinada de quantidade e *mix*;
- Qr – quantidade real por produto;
- Qo – quantidade orçada por produto;
- Po – preço orçado por produto.

Podemos, portanto, verificar que, dentro dos R$ 37.000,00, temos dois efeitos: um associado à quantidade (vender mais ou menos produtos) e outro associado ao *mix* (vender produtos mais caros ou mais baratos de nossa linha de produtos ou serviços). Vejamos um esquema ilustrativo:

Figura 22
QUANTIDADE E *MIX*

Variação de quantidade (ΔQ)

Vamos, inicialmente, separar dos R$ 37.000,00 aquilo que está associado apenas à quantidade. Para isso, vamos relembrar alguns dados importantes – primeiro real e depois orçado.

Tabela 37
Receita real e receita orçada

Produto	Preço unitário (R$)	Real Quantidade	Real *Mix* de vendas	Real Receita
		Real		
Produto	Preço unitário (R$)	Quantidade	*Mix* de vendas	Receita
A	0,80	135.000	30,00%	108.000
B	2,50	202.500	45,00%	506.250
C	2,20	112.500	25,00%	247.500
Total	-	**450.000**	**100%**	**861.750**
		Orçamento		
Produto	Preço unitário (R$)	Quantidade	*Mix* de vendas	Receita
A	1,00	123.000	30,00%	123.000
B	2,00	143.500	35,00%	287.000
C	3,00	143.500	35,00%	430.500
Total	-	**410.000**	**100%**	**840.500**

Reparemos que a empresa vendeu 40.000 unidades a mais do que o esperado. Para isolarmos apenas o efeito do aumento de volume no resultado, é só imaginarmos que, para o efeito *mix* não influenciar na conta, o *mix* não mudou, foi igual ao orçado. Para o *mix* da empresa se manter o mesmo, deveríamos ter vendido os 40.000 a mais na proporção de 30%, 35% e 35%, respectivamente, dos produtos A, B e C.

Como queremos o impacto da venda maior na receita, devemos multiplicar as quantidades pelo preço orçado para não deixar o preço influenciar a variação, já que a variação de preço foi estudada em separado. Vejamos uma exemplificação esquematizada:

Figura 23
IMPACTO MAIOR

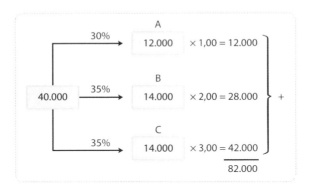

Para sabermos o impacto do efeito da quantidade no resultado, podemos considerar:

$$\Delta Q = \Sigma(QTr - QTo) \times MPo \times Po$$

Onde:

- ΔQ – impacto na receita pela variação da quantidade;
- QTr – quantidade total real;
- QTo – quantidade total orçada;
- MPo – *mix* do produto orçado;
- Po – preço orçado por produto.

Vamos colocar a conta em uma tabela para reforçar o entendimento:

Tabela 38
Quantidade e resultado

Produto (1)	Volume real (2)	Volume orçado (3)	% Orçado do *mix* (4)	Preço unitário orçado R$ (5)	Desvio R$ (6) (2 − 3) × 4 × 5
A	450.000	410.000	30%	1,00	12.000
B	450.000	410.000	35%	2,00	28.000
C	450.000	410.000	35%	3,00	42.000
Total			**100%**	-	**82.000**

Até agora, temos as seguintes variações apresentadas na figura 24:

Figura 24
Resumo das variações

Variação do *mix* (ΔM)

Como o efeito de quantidade e *mix* somados dão R$ 37.000,00, fica fácil visualizar que o efeito *mix* foi negativo, ou seja, vendemos produtos mais baratos de nossa linha de produtos do que imaginávamos. Por diferença, podemos concluir que o efeito *mix* é de – R$ 45.000,00 (R$ 37.000,00 – R$ 82.000,00). Vejamos:

Figura 25
VARIAÇÃO DO *MIX*

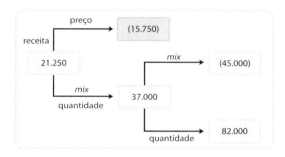

Formalizando, temos a fórmula:

$$\Delta M = \Delta(Q + M) - \Delta Q$$

Onde:

- ΔM – impacto na receita pela variação do *mix*;
- (Q + M) – impacto na receita pela variação combinada de quantidade e *mix*;
- ΔQ – impacto na receita pela variação da quantidade.

Já estudamos, portanto, cada um dos três efeitos que agem sobre a variação da receita:

- preço;
- quantidade;
- *mix*.

Mercado e ganho de *market share*

Já conseguimos segmentar a receita em três grandes variáveis – preço, quantidade e *mix*:

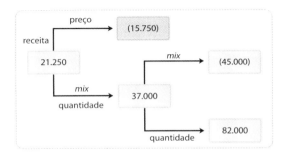

Figura 26
Variáveis da receita

Por exemplo, o impacto positivo na receita de R$ 21.250,00 – variação entre o realizado e o orçamento – pode ser gerado por dois impactos negativos e um positivo.

A empresa deu descontos acima do esperado, impactando negativamente a receita em R$ 15.750,00, e vendeu mais produtos de sua linha barata em detrimento da mais cara, impactando também negativamente a receita em R$ 45.000,00. No entanto, esses efeitos foram mais do que compensados pelo aumento na quantidade, ou seja, pelas vendas, o que impactou a receita positivamente em R$ 82.000,00, o suficiente para cobrir os efeitos negativos e ainda gerar os R$ 21.250,00 de impacto positivo.

Será que o aumento de R$ 82.000,00 na receita, gerado pelo aumento de vendas, está associado a uma boa gestão comercial? O mercado pode estar em grande expansão e a empresa estar apenas "pegando carona", sendo esse efeito não muito relacionado a uma administração efetiva. Por outro lado, o mercado pode estar em grande retração ou até no caminho da extinção e as vendas menores período a período não serem de responsabilidade do executivo de vendas.

Existem dois grandes efeitos associados à quantidade:

- o crescimento e decrescimento do mercado;
- o ganho ou a perda de participação do mercado – *market share*.

O efeito de ganho ou perda de *market share* está muito mais associado à boa gestão do que ao efeito de crescimento de mercado. Um bom gestor, quando o mercado cresce, faz a empresa crescer mais do que o mercado – isto é, ganha *market share* – e, quando o mercado decresce, faz a empresa perder menos venda do que a média do mercado.

Como separar o efeito do crescimento do mercado do efeito da participação no mercado que, somados, geraram o impacto de R$ 82.000,00? Como esse efeito é positivo, é fácil entender que a empresa vendeu mais. Contudo, quanto dessa venda está associado à boa administração? Para responder à pergunta, precisamos ter informações do mercado no qual a empresa está inserida. Vejamos a tabela a seguir:

Tabela 39
MERCADO

	Volume de vendas do mercado (R$)	Volume de vendas do mercado – orçado	Desvio em volume	Desvio (%)
Total	770.000	725.000	45.000	6,2%

O mercado teve expansão de 45.000 unidades em relação ao que se esperava.

Variação da receita (ΔMKT)

Como o mercado cresceu, se a empresa não perdesse nem ganhasse *market share*, ela teria simplesmente aproveitado a corrente. Vamos olhar o *market share* esperado – orçado – da empresa:

Tabela 40
MARKET SHARE REAL E ORÇADO

	Real	Orçado
Mercado	770.000	725.000
Empresa	450.000	410.000
Market share	58,4416%	56,5517%

O *market share* que a empresa esperava no orçamento era de 56,55% (410.000/725.000), ou seja, para não perder ou ganhar mercado, se o mercado cresceu 45.000 unidades em relação ao que se esperava, a empresa deveria ficar com 56,55% dessas unidades. Logo, 45.000 × 0,565517 = 25.448,28.

Se a empresa não ganhasse nem perdesse *market share*, ela deveria conseguir vender, aproximadamente, 25.448 unidades a mais – é fácil ver que ela vendeu mais do que isso, ou seja, 40.000 unidades a mais, pois: real = 450.000 unidades × orçado de 410.000 unidades.

Contudo, nós queremos saber o efeito dessa venda maior na receita da empresa. Para isso, precisamos multiplicar o valor acima pelo preço, para transformar em receita.

Já estudamos, separadamente, o efeito preço e *mix*. Por isso, para evitar que esses dois efeitos se misturem a esse resultado, é só usar o preço médio orçado. O *preço médio orçado* é calculado dividindo a receita orçada pela quantidade orçada. Desse modo, temos o resultado apresentado a seguir:

Tabela 41
PREÇO MÉDIO ORÇADO (A/B)

Receita da empresa **(A)**	840.500
Quantidade orçada **(B)**	410.000
Preço médio orçado **(A/B)**	2,05

Como a quantidade que precisaríamos vender para manter o *market share* (aproveitarmos apenas o crescimento do mercado, sem influências de boa gestão) é de R$ 25.448,28 (ou seja, 45.000 unidades que o mercado vendeu a mais *versus* o *share* orçado de 0,565517) e o preço médio é de R$ 2,05, o impacto na receita devido ao mercado ter crescido é de R$ 52.168,94. Vejamos um esquema a seguir:

Figura 27
IMPACTO NA RECEITA

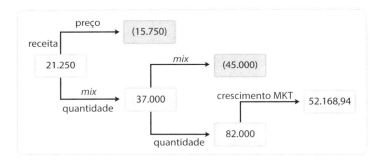

Na demonstração da fórmula, temos:

$$\Delta MKT = (Qrm - Qom) \times MSo \times PMo$$

Onde:

- ΔMKT – impacto do crescimento do mercado na variação da receita;
- Qrm – quantidade real de venda do mercado;

- Qom – quantidade orçada de venda do mercado;
- MSo – *market share* orçado da empresa;
- PMo – preço médio orçado da empresa.

Impacto do ganho de *market share*

Assim como fizemos para o *mix*, por diferença, podemos achar quanto da receita foi impactado pelo ganho de *market share*. Sabemos que a receita foi impactada em R$ 82.000,00 por termos vendido uma quantidade maior do que a esperada. Sabemos também que o aumento da quantidade de venda tem dois efeitos: o crescimento do mercado e o ganho de participação no mercado, *market share*.

Se os R$ 82.000,00 foram influenciados por dois efeitos e um deles foi de R$ 52.168,94, o outro é de R$ 29.831,06 (R$ 82.000,00 – R$ 52.168,94).

Podemos montar um relatório do desvio de receita de R$ 21.250,00 explicando as variáveis que impactaram esse desvio – preço, quantidade e *mix*. O esquema a seguir apresenta o impacto das variáveis no desvio:

Figura 28
Impacto das variáveis

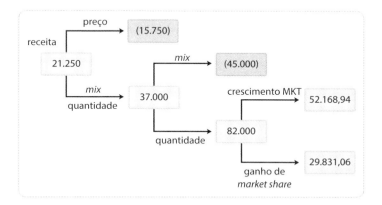

Autoavaliações

Questão 1:

As empresas analisam a evolução dos relatórios financeiros, comparando períodos passados, tais como mês, trimestre, semestre e ano, em relação aos relatórios atuais.

Dessa forma, na análise de relatórios financeiros, é muito comum as empresas usarem:

a) relatório bruto e relatório líquido.
b) orçamentos e análises de relatório estimado.
c) relatório anterior e relatório posterior aos impostos.
d) evolução histórica de relatórios financeiros e análise do realizado em relação ao esperado.

Questão 2:

Para poder analisar melhor o desempenho dos executivos, é necessário normalizar os orçamentos antes da análise.

Isso significa que devemos:

a) tirar os efeitos exógenos dos relatórios financeiros.
b) tirar os efeitos endógenos dos relatórios financeiros.
c) usar a Lei de Pareto, que é chamada de curva ABC ou curva normal.
d) usar o teorema de Montecarlo, que associa probabilidade ao desvio padrão.

Questão 3:

A análise real representa uma ferramenta que muito auxilia na tarefa de analisar a evolução dos relatórios financeiros.

Análise real da evolução dos relatórios significa:

a) aplicar os efeitos do dólar nos relatórios financeiros.
b) aplicar os efeitos da inflação nos relatórios financeiros.
c) tirar o efeito do dólar da análise da evolução dos relatórios financeiros.
d) tirar o efeito da inflação da análise da evolução dos relatórios financeiros.

Questão 4:

É tarefa da controladoria dar explicações das variações que ocorrem no orçamento realizado em comparação ao que foi orçado.

Em vista disso, o objetivo de segmentar os efeitos que impactam a variação entre o real e o orçado consiste em:

a) criar o *balanced scorecard*.
b) criar maior congruência de objetivos.
c) entender melhor quais estratégias negociais deram certo ou não e os motivos para que isso acontecesse.
d) interpretar melhor as determinações que foram definidas pela Lei nº 11.638/07 e os motivos para que fosse promulgada.

Controladoria

Questão 5:

Alguns fatores são importantes para fazer uma boa análise da evolução dos relatórios financeiros.

Entre esses fatores, podemos salientar:

a) diagrama de Pareto e análise de mercado.
b) diagrama de Pareto e análise de regressão.
c) variáveis socioculturais, análise de mercado e análise de desempenho.
d) variáveis macroeconômicas, evolução de mercado e mudança estrutural da empresa.

Questão 6:

A normalização dos relatórios financeiros é muito importante para que os orçamentos possam ser ferramentas de controle que mantenham os colaboradores motivados na busca de atingir os objetivos corporativos.

Com relação ao orçamento, podemos afirmar que:

a) não considera variáveis futuras.
b) não considera as variáveis passadas.
c) considera variáveis passadas e futuras.
d) considera apenas as variáveis passadas.

Questão 7:

Em matemática financeira, aprendemos que fator representa (1 + i) – um mais a taxa de juros (i). Dessa forma, aplicamos esse conceito para retirar o efeito da inflação da evolução histórica dos relatórios financeiros, substituindo a taxa de juros pela taxa de inflação do período em estudo.

Para fazermos a comparação real da evolução dos relatórios financeiros, trazendo os valores passados da DRE para os valores mais próximos do presente, precisamos:

a) dividir o dado passado pelo fator da inflação do período.
b) multiplicar o dado passado pela taxa de juros do período.
c) somar o dado passado com o fator da inflação do período.
d) multiplicar o dado passado pelo fator da inflação do período.

Questão 8:

Aprender a segmentar as variações no orçamento na maior quantidade de frações possível é uma ferramenta muito importante para entender melhor quais estratégias negociais deram certo e quais foram ineficientes.

Entre os efeitos mais comumente encontrados na variação entre receita real e orçada de uma empresa, podemos destacar:

a) variação de segmento, preço, quantidade, *mix* e variação linear.
b) variação de preço, segmento, quantidade, *mix*, variação constante e linear.
c) variação de segmento, colateral, de quantidade, de quantidade e *mix* combinados, de preço e mista.
d) variação de preço, de quantidade, de *mix*, de quantidade e *mix* combinados, de variação do mercado e variação de *market share*.

Questão 9:

Uma tarefa muito importante da controladoria é explicar as variações que ocorrem no realizado em comparação ao que foi orçado.

Para achar o impacto da variação de preço na receita, precisamos fazer o somatório:

a) da variação de preço multiplicada pela quantidade orçada.
b) da variação de quantidade multiplicada pela variação de preço.
c) produto a produto, da variação de preço multiplicada pela quantidade real.
d) produto a produto, da variação de quantidade multiplicada pelo preço real.

Questão 10:

A controladoria pode demonstrar por meio de cálculos quanto da variação entre o real e o orçado estava associado à variação no preço, na quantidade vendida, no *mix*, no crescimento de mercado e no *market share*.

Dessa forma, para achar o impacto da variação de quantidade, precisamos fazer o somatório da variação da quantidade:

a) produto a produto, multiplicada pelo preço real.
b) produto a produto, multiplicada pelo preço orçado.
c) total, multiplicada pelo *mix* do produto real e pelo preço orçado.
d) total, multiplicada pelo *mix* do produto orçado e pelo preço orçado.

Módulo IV – *Balanced scorecard*

Módulo IV – *Balanced scorecard*

Neste módulo, abordaremos o *balanced scorecard*, um mecanismo de controle baseado na representação equilibrada das medidas financeiras e operacionais em quatro perspectivas: financeira, clientes externos, processos internos, e aprendizado e crescimento.

Implementação e gestão estratégica

Desempenho e gestão

Para alcançar os objetivos estratégicos, é preciso garantir a implementação daquilo que foi planejado. Os ambientes externo e interno à organização, entretanto, são dinâmicos e podem reagir de uma forma não prevista, impondo mudanças e criando dificuldades para a consecução dos objetivos definidos. É fundamental, portanto, encontrar um método que auxilie a organização a operacionalizar e a gerenciar a estratégia.

Os sistemas utilizados para auxiliar a operacionalização e o gerenciamento da estratégia podem ser chamados de *sistemas de medição de desempenho e gestão estratégica*. Esses sistemas empregam um conjunto de indicadores de desempenho que representa, da melhor maneira possível, a estratégia elaborada e os resultados almejados. Segundo Anthony e Govindarajan,[15] a principal finalidade de um sistema de medição de desempenho e gestão estratégica é controlar a obediência à estratégia adotada pela organização.

Vamos explorar, neste módulo, o *balanced scorecard* (BSC), um sistema que apoia a operacionalização e a gestão da estratégia, baseando-se em indicadores de desempenho financeiros e não financeiros. Apresentaremos uma visão da organização orientada para a estratégia, bem como uma abordagem simplificada do processo de criação, implementação e gestão da estratégia.

A figura 29 a seguir mostra a representação de uma organização que almeja conquistar um novo patamar de desempenho (D futuro), tendo como referência seu desempenho atual (D atual). Podemos ver ainda a representação do desempenho e da visão sistêmica da organização.

---

[15] ANTHONY, R. N.; GOVINDARAJAN, V. *Sistemas de controle gerencial*. São Paulo: Atlas, 2002.

Figura 29
Visão sistêmica da organização

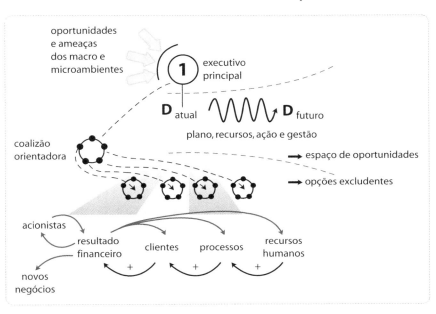

Enquanto o desempenho atual representa o resultado da organização no presente, como consequência de suas decisões tomadas e posições conquistadas, ou seja, onde está a organização, o desempenho futuro representa o resultado a ser alcançado, pela alta administração, por meio da consecução de um superobjetivo imaginado para um futuro de médio ou longo prazo, ou seja, aonde a organização almeja chegar. Já o espaço de oportunidades é aquele em que a alta administração poderá imaginar seu novo patamar de desempenho e conduzir suas ações. Esse espaço é delimitado não somente pelas escolhas dos executivos como também pelo conjunto de opções excludentes que define um espaço a ser evitado pela organização.

Os valores essenciais da organização, por exemplo, definem o limite entre o espaço de oportunidades e o espaço das opções excludentes. Um fator que define o espaço de oportunidades para a organização é o segmento de mercado que a organização pretende explorar. Como exemplo, podemos citar o lançamento do navegador de internet Axis, pela Yahoo!, em 2012.

Além disso, uma organização que tem a ética como valor essencial, jamais explora o espaço das opções excludentes com atitudes não éticas.

Para que a organização busque se manter no rumo do desempenho desejado, ela precisa estar atenta ao desempenho de quatro áreas distintas:

- gestão de pessoas;
- processos;
- clientes;
- resultado.

Entre essas áreas, é esperado que relações do tipo causa-efeito em cascata conduzam a organização para o novo patamar de desempenho. Se a organização desenvolver as competências de seus recursos humanos e um clima organizacional para a mudança, espera-se que esse desenvolvimento cause um impacto positivo na melhoria dos processos internos. A manutenção do fluxo de caixa depende da estratégia adotada, da compreensão das relações do tipo causa-efeito e da habilidade em tomar decisões sobre, por exemplo, investimentos, dividendos e financiamentos.

A criação de valor para o cliente-alvo por meio do aprimoramento dos processos internos tende, por sua vez, a atrair e reter clientes que, por fim, contribuem para gerar receita e manter os fluxos de caixa da organização.

Gestão da estratégia

Para que a organização saia do desempenho atual e siga rumo ao desempenho desejado, ela precisa de uma equipe de planejamento, denominada *coalizão orientadora*. A equipe é responsável não só pela criação da estratégia mas também por sua implementação e gestão.

De modo geral, a equipe de coalizão é formada pelos integrantes da alta administração, diretores, gerentes e por outras pessoas-chave de diferentes áreas da organização, que possuem competência para contribuir com o processo de criação da estratégia.

A primeira missão da equipe de coalizão orientadora é a criação da estratégia. Para isso, a equipe de coalizão orientadora deve considerar os ambientes interno e externo, uma vez que as organizações sofrem influências constantes do macro e do microambiente.

As influências do macroambiente se devem a fatores políticos, tecnológicos, econômicos, sociais e culturais. As pressões do microambiente são originadas por elementos mais próximos da organização, como a pressão da concorrência, por exemplo.

A análise de oportunidades, ameaças e riscos do ambiente que afetam a organização tem papel fundamental não somente para a definição do superobjetivo no espaço de oportunidades mas também para a gestão da organização durante sua jornada rumo ao novo patamar de desempenho desejado.

Plano estratégico

A estratégia deve ser registrada em um plano estratégico que servirá como referência documental para a implementação da estratégia. Segundo uma pesquisa publicada pela revista *Fortune*,[16] na maioria dos fracassos, o problema não é má estratégia, e sim má execução.

O *plano estratégico* é o documento que norteia o planejamento das diferentes unidades de negócio da organização bem como o desenvolvimento dos demais planejamentos. Por exemplo, o plano estratégico norteia o planejamento estratégico de recursos humanos, de produção, de marketing e financeiro – e só tem sentido se for conjugado com a ação estratégica, o provisionamento dos recursos necessários e um sistema de gestão que forneça um *feedback* estratégico.

Existem inúmeras propostas metodológicas de planejamento estratégico. Na figura 30, apresentamos um fluxo de planejamento estratégico com *balanced scorecard* incorporado:

---

[16] CHARAN, R.; COLVIN, G. Why CEOs Fail. *Fortune*, Tampa, Fl. Jun. 1999.

Figura 30
FLUXO DE PLANEJAMENTO ESTRATÉGICO COM BSC

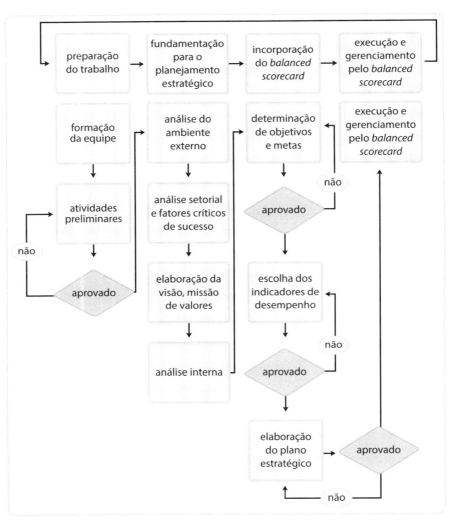

Após a criação da estratégia e a consolidação do plano estratégico, a coalizão orientadora inicia a implementação por meio de um processo de comunicação e de desdobramento da estratégia para toda a organização. O objetivo inicial do processo de comunicação e desdobramento é estabelecer alinhamento e engajamento de todos os membros da organização para a execução da estratégia, uma vez que existe um elevado nível de incerteza no nível estratégico face às influências dos macro e microambientes. Essas incertezas precisam ser transformadas em certezas para o nível executor da organização.

Figura 31
DESDOBRAMENTO DA ESTRATÉGIA PARA O NÍVEL DA EXECUÇÃO

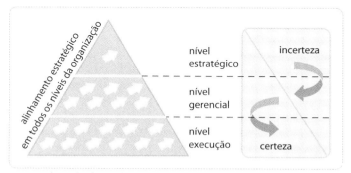

Fonte: adaptado de Anthony e Govindarajan, 2001.

A figura 31 apresenta o desdobramento da estratégia para o nível de execução da organização e o alinhamento de todas as pessoas da organização conforme a visão criada pela alta administração. O nível gerencial tem como papel fundamental a transformação das incertezas em certezas para o nível de execução, ou seja, o processo de desdobramento da estratégia termina com a definição de objetivos e metas claras para toda a organização e a execução das ações que irão contribuir para o alcance do superobjetivo proposto.

Além do desdobramento da estratégia e do provisionamento dos recursos necessários para a implementação da estratégia, a coalizão orientadora necessita de um sistema de gestão da estratégia que permita a organização acompanhar seu avanço rumo ao futuro imaginado e corrigir o rumo sempre que necessário.

Diferentes formas de gestão da estratégia podem ser adotadas pelas organizações:

- o desdobramento da estratégia em projetos e iniciativas gerenciadas por meio de sistemas de gestão de projetos;
- o gerenciamento pelas diretrizes;
- o *balanced scorecard*.

Focaremos o *balanced scorecard* como sistema de gestão da estratégia por causa dos resultados que vem alcançando em muitas organizações.

Definição dos objetivos estratégicos

O planejamento estratégico tem relação direta com o estabelecimento de objetivos estratégicos, também denominados *objetivos-chave*, que devem:

- reforçar as habilidades exclusivas da organização;
- converter a visão da organização em alvos específicos;
- fixar marcos pelos quais o desempenho desejado é definido;
- fazer com que a empresa seja orientada pela busca de resultados.

A escolha dos objetivos estratégicos está associada à contribuição dos objetivos para o alcance do desempenho futuro. Os objetivos estratégicos devem ser escritos de forma clara e sintética, sempre iniciando com o verbo no infinitivo. Em uma regata como a Volvo Ocean Race, por exemplo, o preparo físico dos velejadores é fundamental para que a equipe conquiste o pódio, logo, manter a equipe em condições físicas adequadas é um objetivo que deve ser perseguido.

Estudo do *balanced scorecard*

Sistemas contábeis

Historicamente, os sistemas de medição de desempenho das empresas eram desenvolvidos a partir de indicadores financeiros oriundos dos sistemas contábeis tradicionais. Os controles financeiros foram fundamentais para o sucesso de muitas empresas da era industrial e, por serem utilizados há muito tempo, tornaram-se bastante sofisticados.

Os sistemas contábeis tradicionais, entretanto, não apresentam uma correlação entre resultados financeiros e opções estratégicas não financeiras que permitem que a organização crie valor econômico para o futuro. Na prática, a ênfase excessiva na obtenção e manutenção de resultados financeiros pode levar as empresas a investir demasiadamente em opções de curto prazo.

Dessa forma, as empresas não investem na criação de uma vantagem competitiva duradoura em que possam apoiar seu crescimento futuro.

Os sistemas de medição de desempenho baseados estritamente em indicadores financeiros tornaram-se insuficientes para orientar uma organização em ambientes mais competitivos e turbulentos. Diante dessa discrepância, Kaplan e Norton[17] deram início, no ano de 1990, ao estudo intitulado "Measuring performance in the organization of the future".

O estudo evoluiu para um sistema denominado *balanced scorecard*, baseado na representação equilibrada das medidas financeiras e operacionais em quatro perspectivas:

- financeira;
- clientes externos;
- processos internos;
- aprendizado e crescimento.

Segundo Kaplan e Norton,[18] essas quatro perspectivas, normalmente, são suficientes para a maioria das organizações, porém, não há nenhum impedimento que outra perspectiva relacionada com resultados que gerem vantagem competitiva para a empresa venha a ser incorporada ao *balanced scorecard*. Com o passar dos anos, o *balanced scorecard* tornou-se, para muitas empresas, um sistema de desdobramento da estratégia que oferece aprendizado estratégico.

Balanced scorecard

O *balanced scorecard* apoia a organização nos processos de desdobramento, operacionalização e gestão da estratégia. É um sistema baseado

---

[17] KAPLAN, R. S.; NORTON, D. P. Measuring performance in the organization of the future. *Harvard Business Review*, Boston, 1990.

[18] KAPLAN, R. S.; NORTON, D. P. *A estratégia em ação*: balanced scorecard. Rio de Janeiro: Campus, 1997.

Coleção Gestão financeira

em indicadores que impulsionam o desempenho, proporcionando à organização, de forma abrangente, uma visão sistêmica do negócio. Finalmente, traduz a visão e a estratégia em objetivos e medidas organizadas em suas quatro perspectivas.

O *balanced scorecard* complementa as medidas financeiras do desempenho passado com vetores que impulsionam o desempenho futuro. Além disso, o BSC fornece a estrutura necessária para a tradução da estratégia em termos operacionais, conforme pode ser observado no quadro 2:

Quadro 2
VISÃO E ESTRATÉGIA

Perspectiva financeira			
Para sermos bem-sucedidos financeira-mente, como deverí-amos ser vistos por nossos acionistas?	Objetivos	Indicadores	Alvos	Iniciativas

Perspectiva dos processos			
Para satisfazermos nossos acionistas e clientes, em que processos de negócio deveríamos alcançar a excelência?	Objetivos	Indicadores	Alvos	Iniciativas

Perspectiva do aprendizado e crescimento			
Para alcançarmos nossa visão, como sustentaremos nossa capacidade de mudar e melhorar?	Objetivos	Indicadores	Alvos	Iniciativas

continua

Perspectiva dos clientes			
Para alcançarmos nossa visão, como deveríamos ser vistos por nossos clientes?	Objetivos	Indicadores	Alvos	Iniciativas

Fonte: Kaplan e Norton, 1997.

Vejamos as perspectivas que compõem a estrutura do *balanced scorecard*. As medidas de desempenho financeiro informam se a estratégia da empresa, sua implementação e execução estão contribuindo para a melhoria dos resultados financeiros. Os indicadores que constituem as medidas de desempenho podem ser vistos sob dois ângulos:

- o ângulo que considera a área financeira como a mais relevante, uma vez que o real sucesso de um negócio é medido em termos financeiros;
- o ângulo que privilegia os indicadores operacionais, colocando de lado os financeiros por considerá-los sem consequência.

Apesar dessa diferença, os objetivos financeiros devem servir de foco para os objetivos e as medidas das demais perspectivas do *balanced scorecard*.

Seja qual for a medida selecionada, ela deve fazer parte de uma cadeia de relações de causa e efeito. Em outras palavras, para se obter a melhoria do desempenho financeiro, essa medida tem de estar alinhada à estratégia da organização. Dessa forma, os objetivos e as medidas financeiras desempenham um papel duplo. Os papéis desempenhados são:

- definem o desempenho financeiro esperado da estratégia;
- servem de meta principal para os objetivos e as medidas de todas as outras perspectivas do *balanced scorecard*.

Medidas financeiras e objetivos financeiros

Pela abrangência de seu papel, alguns cuidados devem ser tomados quando selecionamos as medidas financeiras para o *balanced scorecard*.

Se as medidas financeiras forem utilizadas para medir o desempenho global da empresa, elas podem levar à escolha de medidas que deixem de considerar as diferenças intrínsecas aos produtos e serviços oferecidos.

Há ainda o risco de ser feita a escolha de medidas que deixam de considerar as diferenças que distinguem os ambientes geográficos, políticos, sociais e econômicos específicos de cada linha de negócio. Outro risco é o de serem desconsideradas as estratégias gerenciais adotadas para a implementação das melhorias.

Quando formos escolher as medidas, devemos procurar determinar medidas financeiras apropriadas que não só apoiem sua estratégia de negócio mas que também sirvam como metas específicas para os objetivos e as medidas das demais perspectivas inseridas no *balanced scorecard*.

Os objetivos financeiros podem diferir, consideravelmente, em cada fase do ciclo de vida da organização. Kaplan e Norton[19] descrevem três fases desse ciclo:

- crescimento – nessa fase, as organizações, geralmente, encontram-se no início de seus ciclos de vida;
- sustentação – fase em que as organizações conseguem atrair investimentos e reinvestimentos, mas são forçadas a obter excelentes retornos sobre o capital investido;
- colheita – fase em que as organizações alcançam a maturidade em seus ciclos de vida e, por isso, desejam colher os investimentos feitos nas duas fases anteriores.

Perspectiva dos clientes

A perspectiva dos clientes é a segunda perspectiva do *balanced scorecard*, caracterizada pela identificação do mercado e dos segmentos nos quais a organização deseja competir. Esses segmentos produzem o componente de receita dos objetivos financeiros da organização, mantendo a relação de causa-efeito. O *balanced scorecard* obriga a organização a traduzir o que genericamente é dito como atendimento aos clientes em medidas específicas que realcem os fatores importantes para os clientes.

---

[19] KAPLAN, R. S.; NORTON, D. P. *A estratégia em ação*: balanced scorecard. Rio de Janeiro: Campus, 1997.

As preocupações com os clientes, normalmente, recaem nas seguintes categorias:

- qualidade;
- custo;
- atendimento;
- moral;
- segurança.

Para que o cenário equilibrado funcione, as organizações devem estabelecer objetivos para as categorias citadas.

A perspectiva dos clientes também permite que uma organização alinhe as medidas essenciais de resultados relacionadas aos clientes, tais como:

- satisfação;
- fidelidade;
- retenção;
- captação;
- lucratividade, com segmentos específicos de clientes e de mercado.

A perspectiva dos clientes permite também uma clara identificação e avaliação das propostas de valor dirigidas aos segmentos. As propostas de valor dirigidas aos segmentos impulsionam as medidas essenciais de resultados da perspectiva dos clientes.

Conjuntos de medidas

Por meio de suas observações, Kaplan e Norton[20] concluíram que as organizações, geralmente, selecionam dois conjuntos de medidas para a perspectiva dos clientes:

- primeiro conjunto de medidas – grupo de medidas essenciais;
- segundo conjunto de medidas – impulsionadores dos resultados em relação aos clientes.

---

[20] KAPLAN, R. S.; NORTON, D. P. *A estratégia em ação*: balanced scorecard. Rio de Janeiro: Campus, 1997.

O primeiro conjunto de medidas para a perspectiva dos clientes, também denominado *grupo de medidas essenciais*, contém as medidas comuns que praticamente todas as organizações utilizam:

- participação de mercado;
- retenção de clientes;
- captação de clientes;
- satisfação dos clientes;
- lucratividade de clientes.

As medidas essenciais podem ser agrupadas em uma cadeia formal de relações de causa e efeito, como as apresentadas na figura 32:

Figura 32
MEDIDAS ESSENCIAIS NA PERSPECTIVA DOS CLIENTES

Fonte: Kaplan e Norton, 1997.

Essas medidas podem parecer, a princípio, genéricas a todas as organizações, mas devem ser feitas para grupos específicos de clientes com os quais a unidade de negócio espera obter seu maior crescimento e lucratividade.

Controladoria

O segundo conjunto de medidas para a perspectiva dos clientes contém os impulsionadores dos resultados em relação aos clientes. Os impulsionadores dos resultados em relação aos clientes respondem à pergunta: O que a organização deve oferecer a seus clientes para alcançar altos níveis de satisfação, retenção, captação e, consequentemente, participação de mercado?

Os impulsionadores consideram as propostas de valor que a organização busca oferecer a seus segmentos específicos de clientes e mercado. As organizações devem, cada vez mais, ter como princípio básico o oferecimento de valor ao cliente e identificar as medidas que agreguem valor ao cliente, reconhecendo, pelo segmento de mercado em que atua, o relacionamento que tem com o cliente, sua imagem, sua cultura.

Embora as propostas de valor variem de acordo com o setor de atividade e os diferentes segmentos de mercado, Kaplan e Norton[21] observaram a existência de um conjunto comum de atributos que permite sua ordenação em todos os setores para os quais foi elaborado o *balanced scorecard*.

Os atributos podem ser divididos em três categorias, conforme ilustrado na figura 33, que mostra um exemplo de proposta de valor para uma empresa de transporte urbano de passageiros.

Figura 33
PROPOSTA DE VALOR

---

[21] KAPLAN, R. S.; NORTON, D. P. *A estratégia em ação*: balanced scorecard. Rio de Janeiro: Campus, 1997.

Perspectiva dos processos internos

Os indicadores da perspectiva dos clientes e da perspectiva financeira são importantes, mas devem ser apoiados em processos internos críticos, nos quais a organização deve alcançar a excelência. Para a perspectiva dos processos internos, os executivos identificam os processos mais críticos para a realização dos objetivos dos clientes e dos objetivos financeiros.

A identificação dos processos mais críticos permite que:

- a unidade de negócio ofereça propostas de valor capazes de atrair e reter clientes em segmentos-alvo de mercado;
- os executivos possam satisfazer às expectativas de excelentes retornos financeiros que os acionistas têm.

Os executivos costumam, dessa forma, desenvolver objetivos e medidas para a perspectiva dos processos internos depois de formulá-los para a perspectiva financeira e do cliente.

A perspectiva dos processos internos revela duas diferenças fundamentais entre a abordagem tradicional e a abordagem do *balanced scorecard* para a medição de desempenho. A abordagem tradicional tenta monitorar e melhorar os processos existentes e pode ir além das medidas financeiras de desempenho.

A abordagem tradicional pode incorporar medidas baseadas no tempo e na qualidade, mesmo que o foco se mantenha na melhoria dos processos existentes. A abordagem do *balanced scorecard*, todavia, costuma resultar na identificação de processos inteiramente novos, nos quais uma organização deve atingir a excelência para alcançar os objetivos financeiros e dos clientes.

A segunda diferença da abordagem do *balanced scorecard* é a incorporação de processos de inovação à perspectiva de processos internos.

No *balanced scorecard*, os objetivos e as medidas para a perspectiva dos processos internos derivam das estratégias explícitas para o atendimento às expectativas dos acionistas e dos clientes-alvo. A análise sequencial *top-down* (de cima para baixo) costuma revelar processos de negócios inteiramente novos, nos quais a organização deve buscar a excelência.

Cada organização usa um conjunto específico de processos, a fim de criar valor para os clientes e produzir resultados financeiros. Podemos constatar, entretanto, que uma cadeia de valor genérico serve de modelo para que as organizações possam adaptar-se à construção da perspectiva dos processos internos. O modelo da cadeia de valor genérico inclui três processos principais:

- inovação;
- operações;
- serviços pós-venda.

Vejamos um esquema ilustrativo da cadeia de valor genérico:

Figura 34
CADEIA DE VALOR GENÉRICO

Fonte: Kaplan e Norton, 1997.

Perspectiva de aprendizagem e crescimento

O cenário atual é marcado tanto por uma necessidade de melhoria contínua nos processos atuais quanto pelo desenvolvimento da criatividade para a implantação de inovações e capacidades adicionais. Consequentemente, o valor da empresa está diretamente ligado a sua capacidade de continuar a desenvolver os recursos humanos para:

- identificação e aprimoramento das lideranças;
- criação de mais valor para o cliente;
- melhoria da eficiência operacional.

Essas ações dizem respeito à perspectiva dos recursos humanos, do aprendizado e do crescimento. A perspectiva dos recursos humanos, do aprendizado e do crescimento sinaliza para o desenvolvimento de objetivos e medidas que orientem o aprendizado e o crescimento da organização.

Um dos aspectos mais inovadores e importantes do *balanced scorecard* é criar, no plano executivo, instrumentos para o aprendizado organizacional. Esses instrumentos permitem tanto o monitoramento, o ajuste e a implementação da estratégia quanto a execução, se necessário, de mudanças fundamentais na própria estratégia, por meio dos referenciais de curto prazo para as medidas financeiras e não financeiras.

Os objetivos estabelecidos nas perspectivas financeira, do cliente e dos processos internos revelam em que área a organização deve se destacar para obter um desempenho excepcional. Os objetivos da perspectiva de aprendizado e crescimento, entretanto, oferecem a infraestrutura que possibilita a consecução de objetivos ambicionados nas outras três perspectivas. São os impulsionadores de resultados excelentes nas três outras perspectivas e enfatizam a importância de investirmos no futuro não apenas em áreas tradicionais de investimento mas também em novos equipamentos, em pesquisa e em desenvolvimento de novos produtos.

Sem dúvida, os investimentos em equipamentos, pesquisa e desenvolvimento são importantes, mas não são suficientes. A organização também deve investir em infraestrutura quando se deseja alcançar a excelência e objetivos ambiciosos de crescimento financeiro de longo prazo.

Satisfação dos funcionários

O ânimo dos funcionários e a satisfação com o trabalho são, atualmente, aspectos considerados altamente importantes pela maioria das organizações. Entendemos que um funcionário satisfeito possa aumentar a produtividade, a capacidade de resposta, a qualidade e a melhoria dos serviços aos clientes.

Para que a organização alcance um alto nível de satisfação dos clientes, é necessário que eles sejam atendidos por funcionários satisfeitos. A figura 35 ilustra a medição do aprendizado e do crescimento:

Figura 35
Medição do aprendizado e do crescimento

Fonte: Kaplan e Norton, 1997.

Construção do *balanced scorecard*

Mapa estratégico

Com base no processo estratégico apresentado, são definidos os objetivos estratégicos prioritários para cada uma das perspectivas do *balanced scorecard*. Os objetivos estratégicos prioritários serão apresentados em um mapa estratégico, que é a representação gráfica da estratégia.

O mapa estratégico favorece a visualização de uma relação do tipo causa-efeito entre os objetivos selecionados. Dessa forma, o conjunto de objetivos estratégicos prioritários que compõem o mapa estratégico não é um objetivo isolado, mas um conjunto integrado que descreve consistentemente a estratégia.

Segundo Kaplan e Norton:[22] "O mapa estratégico representa o elo perdido entre a formulação e a execução da estratégia". Além disso, para Kaplan e Norton, a construção do mapa estratégico é orientada pelas seguintes premissas:

- perspectiva financeira – o objetivo é sermos bem-sucedidos financeiramente, que é como deveríamos ser vistos por nossos acionistas;
- perspectiva do cliente – o objetivo é alcançarmos a visão de como deveríamos ser vistos por nossos clientes;
- perspectiva de processos internos – o objetivo é alcançarmos a visão de como sustentaremos nossa capacidade de mudar e melhorar;
- perspectiva de aprendizado e crescimento – o objetivo é satisfazermos nossos acionistas e nossos clientes, e sabermos como sustentaremos a habilidade de aperfeiçoamento e mudança.

Os vetores que expressam as relações de causa-efeito representam o quanto a melhoria de desempenho alcançada em um objetivo estratégico pode impulsionar o objetivo das perspectivas adjacentes. Contudo, a primeira relação de causa-efeito feita pela organização, geralmente, é feita a partir da percepção dos gestores da organização.

O mapa estratégico fornece, portanto, uma representação visual dos objetivos estratégicos da empresa bem como as relações de causa-efeito entre os objetivos, nos quais as perspectivas são organizadas intencionalmente em camadas hierarquizadas, sendo que a dimensão financeira é situada na parte superior, no caso de organizações com fins lucrativos. Em seguida, alinham-se as camadas correspondentes às vistas do cliente, os quais, por sua vez, são condicionados aos objetivos da dimensão dos processos internos e da aprendizagem e crescimento.

A figura 36 apresenta um exemplo de um mapa estratégico. Nela, podemos observar a relação de causa-efeito em cascata a partir da perspectiva do aprendizado e crescimento até a perspectiva financeira. Além disso, os objetivos selecionados devem contribuir para o alcance do desempenho desejado.

---

[22] KAPLAN, R. S.; NORTON, D. P. *Mapas estratégicos*: convertendo ativos intangíveis em resultados tangíveis. Rio de Janeiro: Elsevier, 2004.

Figura 36
Exemplo de mapa estratégico de uma organização com fins lucrativos

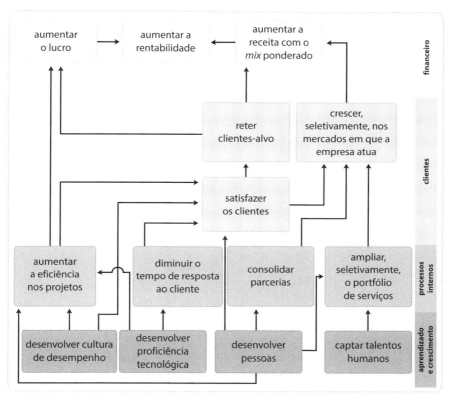

Eventualmente, o mapa estratégico pode ser representado com as medidas de desempenho, possibilitando, ao mesmo tempo, o entendimento da estratégia e o conhecimento do *gap* de desempenho, dado pela diferença entre o desempenho atual e o desempenho desejado para cada medida. Vejamos, na figura 37, a representação do mapa estratégico com medidas incorporadas:

Coleção Gestão financeira

Figura 37
Mapa estratégico com medidas incorporadas

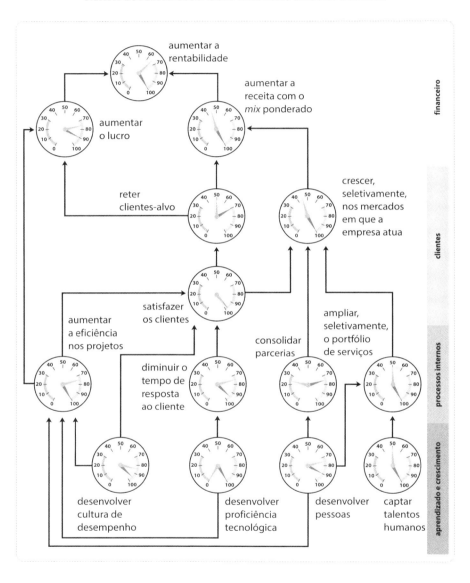

Um mapa estratégico pode ser desenvolvido considerando-se áreas temáticas, conforme pode ser observado na figura 38. No interior das áreas temáticas, encontram-se reunidos os objetivos correlacionados com o tema.

Controladoria

Figura 38
EXEMPLO DE MAPA ESTRATÉGICO TEMÁTICO

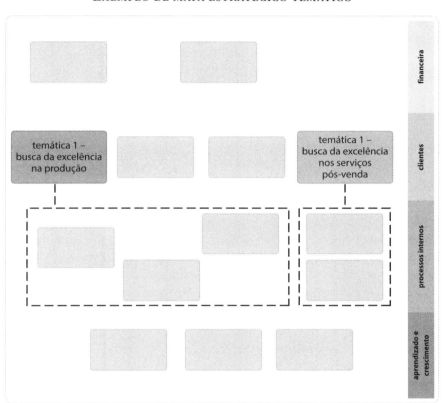

Construção de painéis estratégicos

A partir das perspectivas, no mapa estratégico, selecionamos os indicadores de desempenho e fixamos as metas para cada um deles. A gestão das ações estratégicas é realizada pelo acompanhamento desses indicadores, que passam a constituir parte essencial do alinhamento da organização à estratégia estabelecida. Os indicadores, os alvos correspondentes e as iniciativas são descritos em um painel estratégico.

Segundo Kaplan e Norton,[23] as medidas contidas no painel estratégico: "servem para articular a estratégia da empresa, para comunicar essa estratégia e para ajudar a alinhar iniciativas individuais, organizacionais e interdepartamentais, com a finalidade de alcançar uma meta comum".

As medidas contidas no painel estratégico complementam tanto as medidas financeiras do desempenho passado com vetores que impulsionam o desempenho futuro quanto a estrutura necessária para a tradução da estratégia em termos operacionais.

Para construirmos os painéis estratégicos, é importante fazermos um quadro que contenha os objetivos, os indicadores, o alvo e as iniciativas ou os projetos estruturadores. Vejamos, no quadro 3, um exemplo que auxilia na construção de um painel estratégico:

---

[23] KAPLAN, R. S.; NORTON, D. P. *Mapas estratégicos*: convertendo ativos intangíveis em resultados tangíveis. Rio de Janeiro: Elsevier, 2004.

Quadro 3
Construção do painel estratégico

	Objetivos estratégicos	Indicadores	Alvos	Iniciativas/projetos estruturadores
Definição	São derivados da estratégia e definem o que a organização deseja alcançar.	Sinalizam o desempenho da organização para cada um dos objetivos apresentados na coluna anterior – um objetivo pode estar associado a mais de um indicador.	São as metas dos objetivos com base nos indicadores definidos na coluna anterior – determinam o nível de desempenho esperado em cada indicador.	Projetos ou ações propostas que contribuam para o alcance dos objetivos.
Perspectiva dos clientes externos				
Exemplo	Satisfação dos clientes.	Total de clientes satisfeitos/total de clientes pesquisados. Obs.: Total de clientes satisfeitos = avaliação superior a 9,0.	85% – até o final do primeiro ano. 90% – até o final do segundo ano. 93% – até o final do terceiro ano.	Ampliação dos canais de atendimento ao cliente. Redução do tempo de entrega. Obs.: A realização de pesquisas de satisfação, por exemplo, não contribui para o alcance da meta.

Fins lucrativos

Uma organização com fins lucrativos recebe a ordem clássica das perspectivas (vistas de baixo para cima no mapa estratégico):

- do aprendizado e crescimento;
- dos processos internos;
- dos clientes externos;
- financeira.

Nesse caso, deve-se também apresentar a visão de futuro no topo do mapa estratégico.

Em uma organização sem fins lucrativos ou governamental, por sua vez, as relações de causa-efeito entre as perspectivas partem da perspectiva do aprendizado e crescimento, passando pela perspectiva dos processos internos e financeira, seguindo para a perspectiva dos clientes (ou sociedade) com o texto da missão no topo do mapa estratégico.

A diferença ocorre, portanto, pela mudança da ordem de apresentação das perspectivas.

Indicadores de desempenho

Desenvolvimento de indicadores

Indicadores de desempenho estratégico são aqueles escolhidos pela alta direção para medir o desempenho da estratégia. É a partir dos indicadores de desempenho estratégico que a organização comprova ou verifica se está alcançando os resultados esperados com a estratégia escolhida. Pelos indicadores de desempenho, a organização também verifica se é preciso fazer ajustes para atingir as metas, os objetivos e a visão de futuro. Algumas definições importantes ajudam a compreender os indicadores de desempenho:

Quadro 4
DEFINIÇÕES DE TERMOS RELACIONADOS COM O DESEMPENHO ESTRATÉGICO

Medição de desempenho	Processo de quantificar a eficiência e a eficácia da ação.
Indicador de desempenho	Métrica usada para quantificar a eficiência e eficácia de uma ação. A eficiência implica tanto usar a menor quantidade possível de recursos para um propósito quanto obter a maior quantidade possível de resultados para um gasto determinado.
Sistema de medição de desempenho	Conjunto de indicadores usado para quantificar a eficiência e eficácia das ações.
Eficácia	Grau de cumprimento dos propósitos previstos inicialmente para uma atividade, independentemente dos recursos destinados para tal finalidade.
Eficiência	Relaciona-se com o melhor uso dos recursos para alcançar os propósitos previstos.
Sustentabilidade	Grau em que os resultados de um programa ou uma atividade se mantêm no tempo. A sustentabilidade depende da estabilidade institucional, equilíbrio financeiro e adaptação às condições externas, sejam políticos, demográficos, econômicos ou culturais, entre outros fatores.

Os indicadores estão presentes no cotidiano de cada pessoa e com bastante frequência. Algumas aplicações dos indicadores em nosso dia a dia são:

- medição da pressão arterial;
- medição da velocidade de um veículo;
- medição do peso – massa – de uma pessoa;
- medição da temperatura corporal;
- medição do gasto de energia;
- medição da hora.

Segundo a Fundação Nacional da Qualidade (FNQ),[24] a conceituação de indicador é "uma relação matemática que mede, numericamente, atributos de um processo ou de seus resultados, com o objetivo de comparar esse indicador com metas numéricas preestabelecidas".

Os indicadores servem para:

- esclarecer valores;
- diagnosticar problemas;
- comunicar estratégias;
- entender processos;
- definir responsabilidades;
- envolver as pessoas.

Os indicadores também servem para fazer parte ativa da remuneração funcional; melhorar o controle e o planejamento; identificar ações de melhoria; mudar comportamentos; tornar possível a visualização de resultados; facilitar a delegação de responsabilidades. Qualquer indicador, por mais simples que pareça, deve estar acompanhado de um processo metodológico para que o responsável realize a medição.

Por exemplo, quando desejamos medir a rapidez no atendimento em uma loja de *fast food*, podemos considerar como indicador a média dos tempos entre a entrada na fila até o momento em que o cliente se senta, conforme representado pela equação:

$$R = \frac{\sum_{i-1}^{n} (T_{final} - T_{inicial})}{n}$$

Onde n = total de clientes da amostra.

A equação apresentada, porém, está repleta de restrições. Um cliente que optou por atender seu telefone celular e terminar a conversa antes de se sentar não poderá fazer parte da amostra para não causar distorções. Outro ponto que deve ser levado em consideração no processo de medição desse exemplo é a sazonalidade inerente ao negócio.

---

[24] CADERNOS rumo à excelência: resultados. São Paulo: Fundação Nacional da Qualidade, 2008.

Vejamos as recomendações para a definição dos indicadores.

A) Título:

- estar claramente definido;
- representar exatamente o que está sendo medido.

B) Finalidade:

- ter relevância;
- ter uma finalidade explícita.

C) Relação com o objetivo do negócio:

- ser derivada da estratégia;
- estar relacionada com metas específicas;
- focar na melhoria.

D) Meta:

- ter finalidade explícita;
- fazer parte do acompanhamento e da revisão da estratégia;
- focar na melhoria relevante.

E) Frequência de medição:

- fornecer retroalimentação em tempo adequado, com confiabilidade;
- ser reportada em um formato simples e consistente;
- fornecer informações;
- variar em função do nível hierárquico e da importância da atividade para os resultados.

F) Frequência de revisão:

- deve haver revisão sempre que ocorrerem mudanças significativas no cenário competitivo da empresa.

Coleção Gestão financeira

G) Fórmula:

- estar claramente definida e ser simples para entender;
- possuir legenda para as abreviações utilizadas;
- refletir o processo a ser medido;
- adotar taxas em vez de números absolutos;
- representar exatamente o que está sendo medido.

H) Responsável pela coleta:

- usar dados quando possível, que sejam automaticamente coletados como parte do processo.

I) Fonte dos dados:

- definir as fontes de obtenção dos dados;
- avaliar a acessibilidade aos dados.

J) Metodologia:

- possuir uma metodologia clara e bem definida de coleta de dados e cálculo dos indicadores de desempenho.

K) Responsável pela análise dos dados:

- explicitar o comportamento requerido do responsável;
- nomear a pessoa responsável pelos indicadores de desempenho;
- fornecer informações relevantes.

L) Diretrizes para análise:

- estar relacionado com metas específicas;
- nomear as pessoas que irão promover ações a partir das informações geradas;
- explicitar o comportamento requerido das pessoas que agirão em cima das informações provindas da medição.

Controladoria

O quadro 5 representa um modelo de composição de uma medida associada a um objetivo para a apresentação mais detalhada de um painel estratégico:

Quadro 5
MODELO DE COMPOSIÇÃO DE UMA MEDIDA
ASSOCIADA A UM OBJETIVO

Objetivo	Aumento da capacidade de investimento.
Nome do indicador	LC
Descrição do indicador	Indicador para medição da liquidez corrente.
Indicador	$LC = \dfrac{AC}{PC}$
Legenda	LC = liquidez corrente; AC = ativo circulante; PC = passivo circulante.
Unidade de medida	Adimensional
Amplitude do indicador	0 a 3
Periodicidade da medida	Anual
Metodologia	Índice apurado no final de cada período com informações gerenciais de saldos de contas. Se a liquidez corrente for superior a 1, tal fato indica a existência de um capital circulante – capital de giro – líquido positivo.

	Valor atual	Ano 1	Ano 2	Ano 3	Ano 4	Ano 5
Referências e alvos	0,8	1,0	1,2	1,3	1,4	1,5

Responsável	Maria

continua

187

Coleção Gestão financeira

	Vermelha – faixa inaceitável		Amarela – faixa perigosa		Verde – faixa aceitável	
	LIR	LSR	LIY	LSY	LIG	LSG
	0,0	0,5	0,5	1,0	1,0	3

Faixas de preferência

- LIR = limite inferior vermelho;
  LSR = limite superior vermelho;
- LIY = limite inferior amarelo;
  LSY = limite superior amarelo;
- LIG = limite inferior verde;
  LSG = limite superior verde.

Construção e tipos de indicador

Para a construção de um indicador, é importante considerar alguns critérios importantes. Por exemplo, duas unidades industriais diferentes de uma mesma organização que possuam o objetivo comum de reduzir o número de acidentes em suas linhas de produção podem adotar um indicador comum a fim de poder comparar o desempenho de uma unidade com a outra. O quadro 6, a seguir, apresenta os critérios para construção de um indicador.

Controladoria

Quadro 6
DESCRIÇÃO DOS CRITÉRIOS PARA A CONSTRUÇÃO DE INDICADORES

Critérios	Descrição
Seletividade ou importância	Os indicadores devem captar a característica-chave do produto ou do processo.
Simplicidade e clareza	Os indicadores devem ser de fácil compreensão e aplicação em diversos níveis da organização, em uma linguagem acessível.
Abrangência	Os indicadores devem apresentar suficientemente, inclusive em termos, estatísticos, do produto ou do processo a que se refere. Devem ser priorizados indicadores representativos de situação ou contexto global.
Rastreabilidade e acessibilidade	Os indicadores devem permitir o registro e adequada manutenção e disponibilidade de dados, resultados e memórias de cálculo, incluindo os responsáveis envolvidos. Esses critérios são essenciais à pesquisa dos fatores que afetam o indicador.
Comparabilidade	Os indicadores devem ser fáceis de comparar com referenciais apropriados, tais como melhor concorrente, média do ramo e referencial de excelência.
Estabilidade e rapidez de disponibilidade	Os indicadores devem ser perenes e gerados com base em procedimentos padronizados, incorporados às atividades da empresa. Esses critérios permitem fazer uma previsão do resultado quando o processo está sob controle.
Baixo custo de obtenção	Os indicadores devem ser gerados a baixo custo, utilizando unidades adicionais ou dimensionais simples, tais como percentagem, unidades de tempo, etc.

Podemos conceituar os indicadores em dois tipos:

- *outcomes*;
- *drivers*.

Outcomes são indicadores de resultado, enquanto *drivers* são indicadores de desempenho. Na figura 39, podemos ver como os *drivers* impactam os *outcomes*:

Figura 39
DRIVERS E OUTCOMES

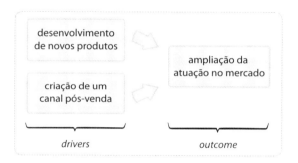

Vamos conhecer vários exemplos de indicadores de desempenho. Começamos com os exemplos de indicadores para perspectiva financeira:

- taxa de retorno sobre o patrimônio líquido (ROE);
- margem operacional;
- giro do ativo total;
- giro de estoque;
- taxa de retorno;
- índice de endividamento;
- capital circulante líquido;
- liquidez corrente;
- índice de liquidez seca;
- grau de inadimplência.

Vejamos exemplos de indicadores para perspectiva dos clientes externos:

- índice de clientes satisfeitos;
- índice de participação no mercado;
- índice de clientes retidos;
- índice de clientes fidelizados;
- índice de clientes captados.

Vejamos exemplos de indicadores para perspectiva dos processos internos:

- índice de perdas do produto;
- índice de eficiência operacional;
- índice de modernização;
- índice de novos produtos;
- índice de novos equipamentos.

Vejamos exemplos de indicadores para perspectiva do aprendizado e crescimento:

- índice de empregados totais;
- salário médio;
- índice de frequência de acidentes;
- índice de gravidade de acidentes;
- índice de gastos com treinamento;
- índice de treinamento efetivo;
- índice de rotatividade global.

Desdobramento da estratégia

O *balanced scorecard* departamental pode ser desenvolvido mesmo sem a existência de um *balanced scorecard* em um patamar estratégico da organização. O pré-requisito mínimo é a existência de uma estratégia

Coleção Gestão financeira

corporativa clara que permita ao departamento compreender sua contribuição para o alcance dos objetivos organizacionais.

De outro modo, um sistema em cascata com *scorecards* para diferentes departamentos ou unidades de negócios da organização pode ser criado. Nesse sistema, as relações do tipo causa-efeito, eventualmente, devem ser observadas entre mapas estratégicos em planos diferentes.

As relações do tipo causa-efeito podem demandar a criação de indicadores compostos, como o indicador apresentado:

$$RIG = \alpha RI_{DX} + \beta R_{IDY}$$

Onde:

- RIG – resultado do indicador global – apurado no nível estratégico da organização, por exemplo;
- RI_{DX} – resultado do indicador do departamento X;
- RI_{DY} – resultado do indicador do departamento Y;
- α e β – graus de importância, onde $\alpha + \beta = 1$.

A figura 40 apresenta um desdobramento do BSC:

Controladoria

Figura 40
DESDOBRAMENTO DO *BALANCED SCORECARD*

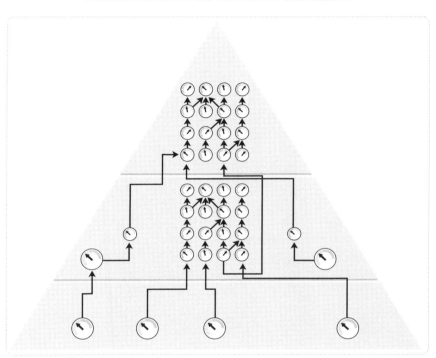

Tradução dos painéis estratégicos

As iniciativas ou os projetos estruturadores apresentados nos painéis estratégicos podem ser gerenciados por meio de planos de ação ou pelas técnicas de gestão de projetos.

O modelo simplificado apresentado na figura 41 demonstra o gerenciamento das iniciativas e projetos:

Figura 41

Gerenciamento das iniciativas e projetos reestruturadores

Objetivo → Satisfazer os clientes

Indicador	Valor atual	Alvos				Iniciativas/ projetos estruturadores
		07	08	09	10	
$SC = \dfrac{\Sigma \text{ graus de satisfação dos clientes}}{\text{total de clientes pesquisados}} \times 100$	76	90	95	98	98	1. Definir responsável para o relacionamento com o cliente. 2. Desenvolver ações pós-venda e acompanhamento dos clientes.

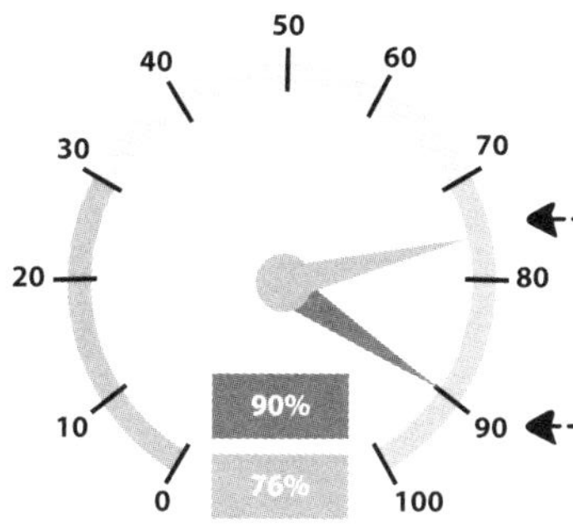

Controladoria

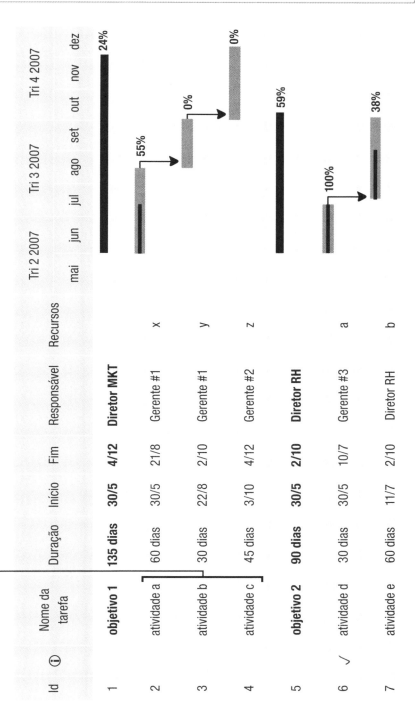

Autoavaliações

Questão 1:

Para que a organização busque se manter no rumo do desempenho desejado, seguindo a ótica do *balanced scorecard*, ela precisa estar atenta ao desempenho de quatro áreas distintas.

Essas áreas consistem em:

a) gestão de pessoas, processos, clientes e resultados.
b) financeira, marketing, recursos humanos e treinamento.
c) processos externos, aprendizado, crescimento e clientes.
d) gestão da qualidade, financiamentos, recursos humanos e clientes.

Questão 2:

Para que a organização saia do desempenho atual e siga rumo ao desempenho desejado, ela precisará de uma equipe de planejamento, denominada *coalizão orientadora*.

Podemos, então, apontar como a primeira missão da coalizão orientadora a:

a) criação da estratégia.
b) definição dos sistemas de medição.
c) definição dos indicadores de desempenho.
d) criação de um novo patamar de desempenho.

Questão 3:

Kaplan e Norton constataram que uma cadeia de valor serve de modelo para que as organizações possam adaptar-se a construir a perspectiva dos processos internos.

Esse modelo inclui três processos principais:

a) inovação, agregação de valor e delegação.
b) inovação, operações e serviço pós-venda.
c) delegação, operações e serviço pós-venda.
d) delegação, operações e agregação de valor e serviço.

Questão 4:

A segunda perspectiva do *balanced scorecard* – clientes – caracteriza a identificação do mercado e dos segmentos em que a organização deseja competir.

Dessa forma, essa perspectiva permite que a organização:

a) mantenha a melhoria de processos existentes e identifique processos inteiramente novos.
b) mantenha a melhoria de processos existentes, mas sem identificação de processos inteiramente novos.
c) alinhe medidas essenciais de resultados relacionados aos processos, mas sem a identificação da proposta de valor.
d) alinhe medidas essenciais de resultados relacionados aos clientes e identifique as propostas de valor dirigidas aos segmentos.

Controladoria

Questão 5:

Os objetivos financeiros podem ser diferentes em cada fase do ciclo de vida de uma organização.

Segundo Kaplan e Norton, as fases do ciclo de vida de uma organização consistem em:

a) crescimento, sustentação e colheita.
b) processo, desenvolvimento e expansão.
c) crescimento, amadurecimento e sustentação.
d) aumento de produção, desenvolvimento e maturidade.

Questão 6:

O *balanced scorecard* traduz a visão e a estratégia em objetivos e medidas organizadas em suas quatro perspectivas.

Sendo assim, a perspectiva financeira deve:

a) caracterizar a identificação do mercado e dos segmentos em que a organização deseja competir.
b) identificar os processos mais críticos para a realização dos objetivos de seus clientes e acionistas.
c) indicar se a implementação e execução da estratégia contribuem para a melhoria dos resultados financeiros.
d) indicar se as organizações desenvolvem objetivos e medidas que orientem o aprendizado e o crescimento da organização.

Questão 7:

Segundo Kaplan e Norton, geralmente, as organizações selecionam dois conjuntos de medidas para a perspectiva dos clientes.

Esses dois conjuntos de medidas são denominados:

a) grupo de medidas essenciais e impulsionadores dos resultados fornecidos aos clientes.
b) grupo de medidas de satisfação dos clientes e impulsionadores na participação de mercado.
c) medidas de desempenho dos processos de negócios e diferenciadores da participação do mercado.
d) medidas de desempenho da satisfação dos clientes e diferenciadores de resultados da qualidade percebida.

Questão 8:

A realização dos objetivos dos clientes e dos objetivos financeiros irá depender da identificação dos processos mais críticos para esses fins por parte dos executivos.

A identificação desses processos terá como consequência os seguintes fatores, **exceto**:

a) a insatisfação das expectativas dos acionistas.
b) a geração de bons retornos financeiros aos acionistas.
c) o atração de clientes em segmentos-alvo do mercado.
d) a fidelização de clientes em segmentos-alvo do mercado.

Questão 9:

O *balanced scorecard* representa uma metodologia desenvolvida pelos professores Kaplan e Norton, da Harvard Business School, baseando-se em uma representação equilibrada das medidas financeiras e operacionais em quatro perspectivas.

Essas perspectivas, que refletem a visão e estratégia empresarial, consistem em:

a) clientes, marketing, processos e treinamento.
b) aprendizado, estratégias, processos internos e fornecedor.
c) fornecedor, treinamento, aprendizagem e recursos humanos.
d) financeira, clientes, aprendizado e crescimento, e processos internos.

Questão 10:

Segundo o BSC, a escolha de indicadores de desempenho deve obter como benefício o *feedback* para o acompanhamento da estratégia.

Podemos definir indicador de desempenho como:

a) melhor uso dos recursos para alcançar os propósitos previstos.
b) métrica usada para quantificar a eficácia, a eficiência e a efetividade de uma ação.
c) grau de cumprimento dos propósitos inicialmente previstos para uma atividade.
d) grau em que os resultados de um programa ou uma atividade se mantêm no tempo.

Vocabulário

Vocabulário

A

A meta da empresa – obra de Reinaldo Guerreiro que aborda duas linhas vanguardistas na gestão empresarial – a *Teoria das restrições* e o *Modelo de gestão econômica* –, demonstrando que este modelo atende a todas as suas premissas e a seus objetivos, superando a *Teoria das restrições*.

Accountability – conceito novo na terminologia ligada à reforma do Estado, no Brasil, mas, já bastante difundido na literatura internacional, em geral, pelos autores de língua inglesa.

Aplicado à controladoria, significa o princípio da responsabilidade com autoridade. Ou seja, ninguém deve ser responsável por algo que não tem autoridade para influenciar.

Activity based costing **(ABC)/sistema de custeio por atividades/sistema de custos ABC** – alternativa ao modelo tradicional de sistemas de custeio. Método de medição de custos que utiliza os direcionadores de custos (*cost drivers*) e calcula os gastos a partir das atividades desenvolvidas pela entidade, pois considera que sejam elas que consumam os recursos. Atribui custos aos produtos e serviços, baseado no número de eventos e transações ocorrentes nos processos de produção e no âmbito operacional.

Também é chamado de *sistema ABC* e representa um avanço no cálculo de custos.

AES Eletropaulo – companhia distribuidora de energia elétrica da região metropolitana de São Paulo. É a maior empresa distribuidora da América Latina.

Em 1979, o governo brasileiro, por meio da Eletrobras, comprou da empresa Brascan o controle das ações da Light Serviços de Eletricidade S.A. Em 1981, a companhia passou a ser administrada pelo governo paulista, modificando seu nome para Eletropaulo Eletricidade de São Paulo S.A.

Com o programa de privatização, a empresa foi reestruturada, originando outras quatro: as distribuidoras Eletropaulo Metropolitana Eletricidade de São Paulo S.A. e Empresa Bandeirante de Energia S.A. (EBE); a companhia de transmissão Empresa Paulista de Transmissão de Energia Elétrica S.A. (EPTE), atual CTEEP, e a geradora Empresa Metropolitana de Águas e Energia S.A (Emae).

Ágio – diferença entre o que vale e o que se paga por determinado bem ou produto. Se essa diferença for positiva existe ágio, se for negativa, deságio.

AmBev – Companhia de Bebidas das Américas, criada em 1º de julho de 1999 com a fusão das duas principais cervejarias brasileiras, Brahma e Antarctica, fusão essa aprovada pelo Conselho Administrativo de Defesa Econômica (Cade) em 30 de março de 2000.

Líder no mercado brasileiro de cervejas, a AmBev está presente em 14 países, é referência mundial em gestão, crescimento e rentabilidade. Com a aliança global firmada com a InBev, em 3 de março de 2004, a companhia passou a ter operações na América do Norte com a incorporação da Labatt canandense, tornando-se a Cervejaria das Américas.

Da união entre concorrentes históricas nasceu a primeira multinacional brasileira, terceira maior indústria cervejeira e quinta maior produtora de bebidas do mundo, o que resultou na maior operação do gênero no país, representando uma estratégia de sobrevivência frente às transformações no contexto mundial do setor.

Desde então, a empresa tornou-se a maior cervejaria da América Latina, tendo como principal concorrente a cervejaria Kaiser – que detém uma fatia de 14% do mercado no país, possuindo diversas marcas de bebidas, entre cervejas, refrigerantes, isotônicos, água e chá. Além disso, engarrafa, vende e distribui os produtos da Pepsi-Cola no Brasil e em outros países da América Latina. Tem 51 fábricas na Américas, 33 delas no Brasil.

Amortização – processo de extinção da dívida por meio de pagamentos periódicos, em que cada prestação corresponde à soma do reembolso do capital ou do pagamento dos juros do saldo devedor, podendo ser o reembolso de ambos. Por meio desse processo, o valor total da dívida cai, de forma que as prestações tendem a diminuir ao longo do financiamento.

Análise horizontal – ferramenta analítica que verifica a evolução dos elementos patrimoniais homogêneos ou de resultado, em diferentes períodos de avaliação.

Anthony Alan Atkinson – professor e chefe da área de gerenciamento de contabilidade da University of Waterloo. Recebeu os títulos de bacharel e mestre em administração industrial e é também coautor do livro *Management accounting: contabilidade gerencial*.

Anthony Buono – professor, na Faculdade de Bentley, de gerência e sociologia, sobre o que escreveu e editou sete livros. Sua pesquisa tem foco na indústria da consultoria gerencial, em mudanças organizacionais e em estratégias interorganizacionais, incluindo alianças estratégicas.

Possui a titulação de *bachelor of science* (BS) em administração de negócios, pela Universidade de Maryland, e é PhD com ênfase em sociologia industrial e organizacional pela Faculdade de Boston.

Arthur Andersen – famosa firma de auditoria americana com base em Chicago. Ficou conhecida mundialmente por ter seu nome relacionado aos casos de fraude nos balanços da Enron e da Worldcom.

Apesar de ter sido absolvida na Suprema Corte americana, não conseguiu recuperar o prestígio que possuía no mercado mundial antes dos escândalos.

Ativo – nome genérico dado a máquinas, empresas, ações de uma firma, enfim, a qualquer bem que faça parte da carteira de investimentos.

Conjunto de investimentos ou recursos alocados às atividades de uma empresa, englobando seus bens e direitos, como dinheiro disponível, contas a receber, estoques de mercadorias, funcionários, equipamentos produtivos, terrenos e edifícios, entre outros.

É comum, no mercado, referir-se ao *ativo da empresa*, como composto por um grande conjunto de outros ativos menores.

B

***Balanced scorecard* (BSC)** – instrumento de gestão, planejamento e controle de empresas de qualquer porte, desenvolvido por Robert Kaplan e David Norton, da Universidade de Harvard.

Visa, entre outros elementos, à estruturação de objetivos e à mensuração de performances, sendo, atualmente, considerado uma metodologia de gestão estratégica.

Ressalte-se que, no âmbito da gestão estratégica, o BSC é um sistema baseado em indicadores que impulsionam o desempenho e que proporcionam à organização uma visão atual e futura do negócio, de forma abrangente e com um controle proativo dos objetivos planejados.

A implantação do BSC é dividida em três partes, a saber:

- a definição clara dos objetivos e das estratégias da empresa e o alinhamento entre estes e os componentes da organização;
- a revisão de processos internos ineficazes para o alcance e atendimento dos objetivos estabelecidos;
- a definição de indicadores controláveis e quantificáveis e realização de seu controle sistemático.

Balanço – demonstrativo contábil que indica, em determinado momento, a situação do orçamento, do patrimônio e das finanças de uma instituição.

Controladoria

Base de rateio – critério usado para determinar como os custos serão rateados dentro de cada centro de custos. Essa base deve ser determinada por estudos técnicos da área de economia e engenharia. Com isso, os montantes refletirão melhor os custos envolvidos em cada tipo de operação. Em alguns casos, é chamada de *regra de rateio*.

C

Capex – abreviação de *capital expenditure* (investimento de capital). Inclui investimentos em imobilizado corpóreo (aspectos contabilísticos, fiscais e de auditoria) e incorpóreo (despesas de investigação e desenvolvimento), ocorridos no período, excluindo custos capitalizados. Inclui também investimentos financeiros em empresas adquiridas e constituídas, bem como aumento de capital, refletindo o valor efetivamente gasto com as operações.

Capital aberto – característica da sociedade cujo capital, formado por ações, é dividido entre seus acionistas.

A sociedade por capital aberto – anônima – tem suas ações registradas na Comissão de Valores Mobiliários (CVM), podendo ser negociadas na bolsa de valores.

Capital de giro – parte do capital utilizada para o financiamento dos ativos circulantes da empresa e que garante uma margem de segurança no financiamento da atividade operacional.

Carlos Slim Halú – bilionário mexicano de descendência libanesa, nascido em 28 de janeiro de 1940, na Cidade do México. Também é conhecido por Carlos Slim Haddad Aglamaz. Estudou engenharia civil na National Autonomous University, da School of Engineering of Mexico, onde, mais tarde, lecionou álgebra e programação linear.

Aos 25 anos apenas, começou a construir os alicerces do Grupo Carso. A imobiliária foi incorporada em janeiro de 1966, três meses antes de seu casamento com Soumaya Domit Gemayel. O nome da empresa é a

Coleção Gestão financeira

combinação das três primeiras letras de Carlos e das duas primeiras de Soumaya. Desde os anos 1980, ele é um notável homem de negócios, em várias áreas industriais, propriedades e campos comerciais.

Em 1990, o Grupo Carso adquiriu a Telmex em uma parceria com a SBC e a France Telecom e começou uma era nova do empreendedorismo no setor global estratégico.

Centro de custo – seção da empresa, delimitada segundo o aspecto de localização de todos os custos nela verificados.

Os centros de custos são classificados em *produtivos* (fabricação dos produtos) e *administrativos* (atividades de caráter gerencial).

Centro de investimento – área de atuação destinada à aplicação de capital para o aumento da capacidade produtiva e obtenção de lucro de uma empresa.

Nesse campo, o desempenho do gestor é mensurado pela maneira como alcança o retorno sobre a aplicação para ele planejada.

Centro de lucro – tradução de *profit centre*, um termo contabilístico que se refere a um departamento ou setor que obteve lucro dentro de uma empresa.

Centro de responsabilidade – unidade contábil criada para acumulação dos dados das transações e elementos patrimoniais da empresa. Tem por base para acumulação das informações contábeis, o conceito de custos e receitas controláveis.

Centro de pseudolucro – instrumento de gestão estratégica de custos, parte do princípio de que as equipes apresentam maior motivação e concentração para atuarem na direção do aumento do que na redução dos custos.

Centro de receita – grupo de elementos, em uma empresa, que lhe gera receita.

Centro de resultado – dependências de instituições financeiras e demais entidades destinadas à prática de atividades para as quais a instituição esteja regularmente habilitada.

Comunidade Europeia (CE) – união dos países europeus com o objetivo de eliminar todas as barreiras alfandegárias entre os países.

A União Europeia nasceu com o *Tratado de Maastricht* (1992), posteriormente ratificado no dia 1º de novembro de 1993, pelos 12 membros da Comunidade Europeia: Bélgica, Dinamarca, França, Alemanha, Grã-Bretanha, Grécia, Irlanda, Itália, Luxemburgo, Holanda, Portugal e Espanha.

Custo médio ponderado de capital (CMPC) – média ponderada dos custos dos diversos componentes de financiamento, incluindo dívida, patrimônio líquido e títulos híbridos, utilizados por uma empresa para financiar suas necessidades financeiras.

Coalizão orientadora – equipe designada especialmente com o fim de orientar as ações propostas por um conselho, proporcionando a melhora do desempenho dos funcionários e o alcance do objetivo almejado por uma empresa.

A coalizão orientadora é formada pela associação de agentes capacitados dos diversos setores ou de um mesmo setor ou categoria de uma empresa que atuam em conjunto, tendo como escopo auxiliar a empresa a enfrentar outros concorrentes e aumentar influência ou poder no mercado.

Comissão de Valores Mobiliários (CVM) – trata-se de autarquia federal criada para, juntamente com o Conselho Monetário Nacional, estabelecer as normas e diretrizes de funcionamento do mercado de valores mobiliários. Tem, sob sua jurisdição, as bolsas de valores e as sociedades corretoras, os bancos de investimento, as sociedades distribuidoras, as companhias abertas, os agentes autônomos de investimento, as carteiras de depósito de valores mobiliários, os fundos e as sociedades de investimento, os auditores independentes e os consultores.

Coleção Gestão financeira

Commodity – mercadorias físicas negociadas sob a forma de contratos padronizados em bolsa de mercadorias. O termo inglês designa um tipo de mercadoria em estado bruto ou com um grau muito pequeno de industrialização; entretanto, esses produtos primários têm grande importância comercial. As principais *commodities* são produtos agrícolas (como café, soja e açúcar) ou minérios (cobre, petróleo, aço e ouro, entre outros). Por constituírem produtos não diferenciados, as *commodities* não têm preço diferente por questões de marca, nem envolvem alta tecnologia; por conseguinte, criam mercados homogêneos.[25]

Comparação – palavra proveniente do Latim (*comparatio, -onis*), cujo significado traduz-se pelo ato de comparar, confrontar dois ou mais elementos em determinado espaço de tempo ou ainda em tempos distintos, a fim de perceber semelhanças e diferenças entre ambos.

Competência – podemos entender competência pelo conjunto formado pelos conhecimentos, habilidades e atitude.

Concordata – recurso judicial que as empresas podem dispor quando acumulam dívidas maiores ou próximas ao capital ativo. O pedido de concordata é usado para a simples redução ou modificação da totalidade ou de parte dos débitos junto aos credores, evitando assim que a empresa declare falência.

Conflito de agência – conflito de interesse existente entre alguns dos *stakeholders* de um negócio.

Congruência de objetivos – adequação dos executivos de uma empresa ao propósito da empreitada, sanando qualquer contradição que possa haver entre os membros constituintes da mesma, convergindo seus ideais pessoais de modo a atingir a coerência precisa para a execução da tarefa.

Conjuntura Econômica – publicação da Fundação Getulio Vargas (FGV), por meio do Instituto Brasileiro de Economia (Ibre). Fundada em 1947, dispõe notícias e artigos sobre macroeconomia, cenários, fi-

---

[25] BITERMAN, Maria Tereza Camargo. *Dicionário de termos financeiros e bancários.* 1. ed. São Paulo: Disal, 2006.

nanças, administração, marketing, *management*, seguros e uma abrangente seção de estatísticas e índices de preços.

Conselho de Administração – grupo que auxilia as instâncias de decisão nas empresas, podendo ser executivo ou não executivo. Geralmente, é composto por especialistas com alto grau de conhecimento ou de experiência na área envolvida.

Conta contábil – registro que reúne lançamentos de débito ou crédito referentes a operações de uma mesma natureza. Representação escriturada de bens, direitos, obrigações, capital, reservas, etc. de uma entidade.

Controle gerencial – instrumento de gerenciamento de organizações que se baseia na realização de uma comparação entre o previsto e o realizado. Reúne um conjunto de informações importantes para as análises físicas, econômicas e financeiras da empresa, o que possibilita o estabelecimento de critérios fundamentados para uma posterior tomada de decisão.

Controller – executivo de controladoria responsável por influenciar os demais membros de uma organização a obedecer às estratégias adotadas pela empresa. Nesse sentido, seu papel é por projetar, atualizar e garantir a eficiência e confiabilidade dos mecanismos que dão suporte à implantação dessas estratégias.

Cost driver/**direcionador de custo** – serviço que monitora a evolução dos custos diretos de produtos, projetando a avaliação das tendências de custo ou preço futuro para cada produto analisado, por meio de séries históricas de índices de preços mensais, de indicadores econômicos e da projeção de preços futuros de fontes confiáveis.

Cotista – sócio que apenas participa dos lucros da empresa ou fundo.

Crescimento nominal – cálculo da taxa de lucros crescentes a cada ano (com inflação embutida) de determinada empresa.

Crescimento real – cálculo da taxa de lucros crescentes de determinada empresa a cada ano, desconsiderando a inflação.

Coleção Gestão financeira

Custo de transferência – valor do transporte dos produtos de uma unidade de operação para outra unidade.

Custo fixo (CF) – soma de todos os fatores fixos de uma produção, que ocorre independentemente da quantidade produzida.

Custo fixo unitário – resultante do valor do custo fixo de uma empresa dividido pela quantidade total produzida no mês, e que deverá ser somado ao custo variável de produção.

Custo pleno – apuração total dos custos e despesas de uma empresa, visando à obtenção de um custo total de mercadoria, serviço ou produto. Em outras palavras, apropria ao valor do produto não só os gastos industriais mas também todas as despesas financeiras com, por exemplo, vendas e administração.

Custo variável – valor que varia conforme o nível de produção, proporcionalmente à quantidade produzida. Por exemplo, a matéria-prima utilizada na produção do produto acabado.

D

Datasul – empresa brasileira que produz *softwares* de gestão empresarial (ERP), sediada em Santa Catarina.

David P. Norton – doutor em administração de empresas pela Universidade de Harvard, autor do conceito de *balanced scorecard* – em parceria com Robert Kaplan –, cofundador e presidente da Balanced Scorecard Collaborative e da Renaissance Solutions, Inc. Coautor de diversos livros como *Balanced scorecard: traduzindo estratégia em ação, Organização orientada para a estratégia* e *Mapas estratégicos*.

Demonstração do resultado do exercício (DRE) – demonstrativo que consiste, basicamente, em um fluxo de receitas, despesas, ganhos e perdas, ao longo de um período, que apontam variações no patrimônio líquido da empresa.

Controladoria

Departamental – referente ou pertencente a um departamento de uma empresa ou instituição. No referido caso, o *balanced scorecard departamental* é o meio de gestão usado por empresas visando estruturar objetivos e medir a atuação dos departamentos componentes da mesma, a fim de checar o desempenho de cada um.

Depreciação – custo amortizado em determinado período. Significa a vida útil de determinados bens ou inversões de capitais.

Descentralização – processo que visa não concentrar o poder em uma única repartição. Divisão de poder e autonomia, fazendo com que a carga de responsabilidade seja distribuída de maneira mais igualitária.

Diluição – diminuição do custo fixo total, à medida que há aumento de produção e prestação de serviços, ocasionando a queda do custo fixo unitário.

Dividendo – valor pago, em dinheiro, aos acionistas de uma empresa quando há divisão de parte do lucro do exercício financeiro pelo número total de ações. Remuneração paga ao acionista pelo capital investido na empresa.

Doença de Creutzfeldt-Jakob (DCJ) – forma de demência rapidamente progressiva – associada a tremores musculares de extremidades – que se intensifica em questão de semanas ou poucos meses.

A DCJ é uma doença fatal muito rara, com incidência mundial de aproximadamente um caso para cada 1 milhão de pessoas.

E

Ebitda – sigla proveniente do inglês *earnings before interest, taxes, depreciation and amortization* (lucro antes dos juros, impostos, depreciação e amortização), por vezes substituída pela sigla, em português, Lajida, ou pela sigla Lajir. Dá a ideia da capacidade de geração de caixa operacional de uma empresa.

Economic value added (EVA) – lucratividade de uma operação sobre o custo total dos ativos – custos de operação, inventário, etc.

Editora Abril – editora brasileira, com sede em São Paulo, originou o Grupo Abril. Fundado em 1950 por Victor Civita como Editora Abril, o Grupo Abril é hoje um dos maiores e mais influentes grupos de comunicação da América Latina, fornecendo informação, educação e entretenimento para praticamente todos os segmentos de público e atuando de forma integrada em várias mídias.

Ao longo de sua história expandiu e diversificou suas operações, e hoje fornece conteúdo de muitas formas, sendo composto pela Editora Abril:

- revistas, entre as quais figuram a revista *Exame* e seus segmentos como a *Exame Maiores e Melhores*;
- *Abril Digital* – que reúne *Abril.com* e *Abril no celular*;
- *MTV, FIZ TV* e *Canal Ideal* – TVs segmentadas;
- *TVA* – parceria estratégica com a Telefônica;
- editoras Ática e Scipione – Abril Educação.

Possui ainda a maior gráfica da América Latina e conta com um eficiente serviço de assinaturas e distribuição.

A Abril também disponibiliza recursos, além do trabalho voluntário e do talento de seus profissionais, para várias iniciativas que reforçam os laços da empresa com a comunidade, promovendo educação, cultura, preservação do meio ambiente, saúde e voluntariado em diversos projetos de cidadania e participação social de cidadania.

Eficácia – conceito relacionado à ideia de fazer as coisas de forma correta, atingindo resultados. Diz respeito aos objetivos propostos, ou seja, à relação entre os resultados propostos e os atingidos.

Muito ligada à ideia de *eficiência*, que diz respeito a fazer as coisas da melhor maneira possível, fazer benfeito. Nesse sentido, eficiência é cavar um poço artesiano com perfeição técnica; já eficácia é encontrar a água.

Eficiência – ação de boa qualidade, praticada corretamente, sem erros e orientada para a tarefa.

Em outras palavras, diz respeito aos meios de se fazer bem certos processos, fazer certo um processo qualquer.

Eliseu Martins – doutor em controladoria e contabilidade pela Universidade de São Paulo (USP), professor titular do Departamento de Contabilidade e Atuária da referida universidade.

É consultor e palestrante da área contábil, integrante de conselhos de administração – consultivo e fiscal – de empresas privadas, estatais e de entidades sem fins lucrativos.

É membro de conselhos editoriais de diversas revistas técnicas, além de ser autor e coautor de diversos livros, entre eles, *Contabilidade de custos* e *Teoria da contabilidade: uma nova abordagem.*

Embratel – rede de telecomunicações que oferece serviços de telefonia local, longa distância nacional e internacional, transmissão de dados, televisão e internet. Além disso, atende também a todo território nacional por meio de soluções via satélites.

Encefalopatia bovina espongiforme – doença da *vaca louca*, ou encefalopatia bovina espongiforme, que surgiu no Reino Unido, em 1986, e se disseminou para outros países da Comunidade Europeia, devido à reciclagem, sem controle, de carne, ossos, sangue e vísceras usados na fabricação de ração animal.

O agente causador da doença é a proteína anormal chamada *príon*. Em seres humanos, a transmissão ocorre pela ingestão de carne – mesmo frita ou cozida – de animais contaminados. A chance de desenvolver a doença por contaminação é de somente 5%, nos outros 95% dos casos, se desenvolve naturalmente.

Ovinos, bovinos e humanos podem adquirir a doença naturalmente, seja por uma alteração casual de suas proteínas, por determinação genética ou por contaminação.

Vários casos de encefalopatias em pessoas foram constatados, devido ao consumo de carne de animais contaminados. De lá para cá, a doença, que dizimou rebanhos na Europa, já foi detectada em vários países, entre eles o Canadá e os Estados Unidos. No Brasil, o uso da proteína animal na fabricação de ração para bovinos é proibido e o risco de desenvolvimento da doença é mínimo, já que a maior parte do rebanho nacional se alimenta de pastagens. Não existem casos registrados no Brasil.

Os principais sintomas em ovinos e bovinos são agressividade e falta de coordenação motora; em humanos, são mioclonia – contração muscular brusca e breve – e demência. A doença se desenvolve principalmente em pessoas com mais de 50 anos de idade.

Enron – companhia americana de energia localizada em Houston, Texas. Criada na década de 1980, a Enron Corporation foi uma das companhias de distribuição de energia líderes no mercado.

Entrada do sistema empresa – material, informação, energia, insumo, todo fornecimento vindo de fora – do ambiente externo.

Trata-se das forças necessárias ao sistema para sua operação ou seu processo, o qual gerará outro tipo de forças, as saídas do sistema, que estarão de acordo com os objetivos estabelecidos pela empresa.

Estudos científicos duplos-cegos – metodologia de pesquisa realizada em seres humanos – empregada não apenas na área médica, mas sempre que o resultado de um experimento pode depender da vontade do experimentador –, em que nem o examinado nem o examinador sabem o que está sendo utilizado como variável em dado momento. O objetivo do referido estudo é evitar qualquer interferência consciente ou não nos resultados de um experimento.

Controladoria /

Exame Melhores e Maiores – segmento da revista *Exame* da Editora Abril, especializada pela publicação da lista das empresas que mais se destacaram durante um ano corrido. São mais de 3.500 empresas – analisadas desde 1973 – com dados corrigidos pela inflação, o que permite comparações reais com os dados atuais.

F

Fator econômico-financeiro – elemento que pertence, de maneira concomitante, ao âmbito da economia e das finanças, isto é, relaciona-se tanto a questões de circulação de capital quanto a questões de produção, distribuição e consumo de bens.

Os custos fixos e os custos operacionais de uma empresa são exemplos de fatores de caráter econômico-financeiro.

Fator inflação – elemento de desvalorização da moeda corrente e de redução da rentabilidade líquida real de um investimento.

Fernando Afonso Collor de Mello – economista, nascido em 1949. Em 1979, foi nomeado prefeito de Maceió e, três anos depois, eleito deputado federal pelo PMDB. Já em 1986, venceu as eleições para governador de Alagoas pelo PMDB e ficou conhecido nacionalmente por sua campanha contra os chamados *marajás*.

Em 1989, com 40 anos, foi eleito presidente da República. Collor foi o primeiro escolhido dentro das regras da Constituição de 1988, com plena liberdade partidária e eleição em dois turnos. Tomou posse em 15 de março de 1990. Seu mandato teve curta duração, pois, em 2 de outubro de 1992, foi afastado da Presidência para responder ao processo de *impeachment*. Após oito anos de afastamento, candidatou-se à prefeitura de São Paulo em 2000 e ao governo de Alagoas em 2002, sem sucesso.

Fernando Henrique Cardoso – ex-presidente do Brasil, nascido em 19 de junho de 1931. Formou-se em sociologia pela Universidade de São Paulo (USP). Em 1952, aos 21 anos, já ministrava aulas como assistente do professor Florestan Fernandes, assumindo, logo depois, uma vaga no conselho universitário, tornando-se o mais jovem membro do conselho.

Em 1962, publicou o livro *Capitalismo e escravidão no Brasil Meridional*. Na época da ditadura militar, foi para o Chile, onde continuou trabalhando como professor e lançou, com Enzo Faletti, mais um livro: *Dependência e desenvolvimento na América Latina*. Em 1969, após cinco anos no exterior, voltou para o Brasil, anistiado pelo AI-5. Compulsoriamente aposentado pela USP junto com outros membros de seu partido, fundou o Centro Brasileiro de Análise e Planejamento (Cebrap).

Eleito senador pelo estado de São Paulo em 1986, foi ministro da Fazenda do presidente Itamar Franco, quando assumiu a frente da implantação do Plano Real. Como presidente, governou o país por dois mandatos consecutivos – de 1º de janeiro de 1995 a 31 de dezembro de 2002.

Financiamento – empréstimo ou doação de quantia financeira para ajudar a pagar bens ou serviços adquiridos por uma pessoa ou empresa. Pode estar sujeito ao pagamento de juros.

Fluxo de caixa – pagamento ou recebimento efetivo de dinheiro – caixa, *cash* em inglês. Fluxo de dinheiro, movimentação financeira como um todo. Em um demonstrativo de resultados, o fluxo de caixa líquido de uma empresa é o resultado obtido após todos os pagamentos de custos operacionais fixos e variáveis, taxas e impostos.

Fortune – revista norte-americana, quinzenal, especializada em economia, lançada em 1929, a reboque do sucesso da lendária *Time*. É considerada a bíblia do mundo dos negócios americano, tendo mais de 800 mil leitores por edição.

Franquia – sistema pelo qual o detentor de determinada marca ou patente (franqueador) cede a outra pessoa jurídica ou física (franqueado) o direito de uso. Essa união pode estar associada à distribuição exclusiva ou semiexclusiva de produtos ou serviços, bem como ao uso de tecnologia de implantação e administração de negócio.

Controladoria /

Fundação Nacional da Qualidade (FNQ) – entidade privada e sem fins lucrativos, criada em 1991 por 39 organizações privadas e públicas, com o nome de Fundação para o Prêmio Nacional da Qualidade, como o objetivo de administrar o Prêmio Nacional da Qualidade e as atividades decorrentes da premiação.

Em 2004, a entidade mudou o foco de atuação. Seu objetivo agora é tornar-se um dos principais centros mundiais de estudo, debate e irradiação de conhecimento sobre a excelência em gestão. Em 2005, a entidade elegeu uma nova governança na Assembleia Geral de Membros e passou a se chamar Fundação Nacional da Qualidade (FNQ).

A missão da FNQ é disseminar os fundamentos da excelência em gestão para o aumento de competitividade das organizações e do Brasil.

G

Gap/**fenda** – termo da língua inglesa, equivalente a intervalo, aplicado para denotar lacunas entre dois pontos de referência. Em certos contextos, usa-se a expressão para designar algum déficit ou alguma interrupção.

Gasto de capital – despesa com compras ou produção de bens duráveis.

General Electric (GE) – empresa multinacional de tecnologia, mídia e serviços financeiros, presente em mais de 100 países, voltada para o desenvolvimento de produtos.

Fabrica motores de avião, equipamentos de diagnóstico por imagem, plásticos de engenharia e silicones, sistemas avançados de segurança, eletrodomésticos, soluções de processamento e tratamento de água, lâmpadas, sem contar com um extenso portfólio de serviços financeiros e sistemas de geração de energia.

Gerente de projeto – pessoa designada pela organização executora para atingir os objetivos do projeto. É o integrador do projeto, responsável

Coleção Gestão financeira

por coordenar as atividades propostas, fazer o acompanhamento técnico, solicitar o cumprimento os objetivos, enfim, dirigir todo o processo.

Giro do ativo total – índice relacionado à eficiência da empresa na utilização de seu ativo total na geração de receita, uma vez que é calculado dividindo-se a receita total – ou vendas totais – pelo ativo total.

Na interpretação do GA temos a máxima do quanto maior, melhor, uma vez que um baixo valor do giro de ativo indica que a empresa está gerando pouca receita a partir dos ativos que possui.

Giro de estoque – tipo de indicador de atividade da empresa que expressa com que velocidade a empresa é capaz de girar seus estoques durante um ano. O indicador é calculado como sendo o quociente entre o custo de mercadorias vendidas e o valor do estoque médio da empresa.

Glosa – cancelamento parcial ou total de uma fatura, uma conta, um orçamento ou uma verba cobrada ilegal ou indevidamente.

Gol Linhas Aéreas Inteligentes S.A. – companhia aérea de baixo custo e baixa tarifa. Iniciou suas operações no dia 15 de janeiro de 2001 com o objetivo de proporcionar voos com preços acessíveis para a maioria da população brasileira.

Governança corporativa – sistema que garante o tratamento igualitário entre os acionistas, além de transparência e responsabilidade na divulgação dos resultados da empresa. Trata-se de um conjunto de processos, costumes, políticas, leis, regulamentos e instituições que regem a maneira como uma empresa é dirigida, administrada ou controlada.

Governança no território/setor diz respeito aos diferentes modos de liderança, coordenação, intervenção, participação e negociação nos processos de decisão locais, dos diferentes agentes (Estado, em seus vários níveis, empresas, cidadão e trabalhadores, organizações não governamentais, etc.); e das diversas atividades que envolvem a organização dos fluxos de produção, assim como o processo de geração, disseminação e uso de conhecimentos.

Controladoria /

H

Hardware – componente eletrônico (microcircuitos, processadores, memória, entre outros) que compõe os computadores. O conceito de *hardware* é contraposto ao de *software* (dados e programas de um sistema informatizado).

I

Ichak Adizes – é considerado o pai da terapia organizacional, área da consultoria empresarial. Nasceu em 22 de outubro de 1937, em Skopje, capital da Macedônia. Sua família era descendente dos judeus que foram expulsos da Espanha em 1492 como recusa à conversão ao cristianismo no período da Inquisição. No começo do século XVI, estabeleceram-se na Macedônia.

Teve uma vida aflita. Nascido como judeu sefardita, teve de viver escondido na Albânia como muçulmano durante o nazismo, absorvendo uma visão aberta e grande versatilidade cultural, que lhe provocou uma enorme fobia ao dogmatismo.

Após a II Guerra Mundial, mudou-se para Israel para que pudesse servir às forças armadas e terminar sua pós-graduação. Em 1963, foi para os Estados Unidos e obteve seu doutorado em *business* na Universidade de Colúmbia. De 1967 a 1982, foi titularizado no corpo docente da Universidade da Califórnia, Los Angeles (Ucla). Em 1982, fundou o Adizes Instituto, uma consultoria com escritórios em todo o mundo, que trabalha com grandes corporações (empresas) e governos.

Escreveu diversos livros sobre o tema *ciclo de vida das empresas* – por exemplo, *Corporate lifecycles*, em 1988, e *Mastering change*, em 1992.

Incongruência de objetivos – contradição e desarmonia no direcionamento das pessoas e de seus grupos na condução da estratégia organizacional de uma empresa.

Coleção Gestão financeira

Indicador de desempenho – dado estatístico relativo à situação da empresa. Seu objetivo é proporcionar uma reação, permitindo à empresa alinhar esforços e energia rumo à estratégia traçada.

Indicadores de inflação – metodologia que mensura a variação e o impacto no custo de vida da população. O IBGE, a FGV e a Fipe são exemplos de órgãos especializados responsáveis pela medição de índices de inflação – IPCA, IPC, entre outros.

Índice nacional de preços ao consumidor amplo (IPCA) – indicador calculado mensalmente pelo IBGE e instituído com a finalidade de corrigir as demonstrações financeiras das companhias abertas.

Verifica as variações dos custos com os gastos das pessoas que ganham de um a 40 salários-mínimos nas regiões metropolitanas de Belém, Belo Horizonte, Curitiba, Fortaleza, Goiânia, Porto Alegre, Recife, Rio de Janeiro, Salvador, São Paulo e Distrito Federal.

O IPCA é um índice utilizado também como medida de inflação para o regime de metas de inflação do Banco Central.

Índice de inadimplência – indicador que mede a falta de cumprimento de um contrato ou de qualquer de suas condições.

Industrial & Financial Systems (IFS) – empresa global que desenvolve e comercializa aplicações empresariais que permitem que as organizações possam responder rapidamente às mudanças que ocorrem no mercado.

Desde 1983, é uma fornecedora de aplicativos de negócios que vai ao encontro das necessidades de determinadas indústrias. Opera em duas áreas – gerenciamento do ciclo de vida e ERP *midmarket* –, responsáveis pela distribuição e manufatura em companhias de médio porte.

Infoglobo – empresa que reúne os jornais *O Globo*, *Extra*, *Diário de São Paulo* e *Expresso*, o site *Globo Online* e a *Agência O Globo*. Tem como missão apurar o fato, oferecendo a seus leitores a informação mais completa, sempre com a preocupação de adequar a linguagem ao público a que se destina, além de oferecer acesso ao entretenimento e à cultura.

Instituto Brasileiro de Geografia e Estatística (IBGE) – principal provedor de dados e informações do país, sobretudo na análise e produção de dados estatísticos.

Instituto Brasileiro de Governança Corporativa (IBGC) – organismo destinado a colaborar com a qualidade da alta gestão das organizações brasileiras, implantando conselhos de administração.

A ideia era fortalecer a atuação desse órgão de supervisão e controle nas empresas. Com o passar do tempo, entretanto, as preocupações se ampliaram para questões de propriedade, diretoria, conselho fiscal e auditoria independente. É reconhecido nacional e internacionalmente como a principal referência de difusão das melhores práticas nessa área da América Latina.

Internacionalização de empresas – instalação de unidades produtivas de empresas em outros países.

Investimento – dispêndio destinado ao aumento de capacidade produtiva e à obtenção de ganho. Gasto ativado em função de sua vida útil ou de benefícios atribuíveis a futuros períodos.

Itamar Franco – engenheiro civil, nascido em 28 de junho de 1930, assumiu a Presidência da República interinamente entre outubro e dezembro de 1992, e em caráter definitivo em 29 de dezembro do mesmo ano, após o *impeachment* de Fernando Collor de Mello. Cumpriu o restante do mandato, cuja duração foi até 31 de dezembro 1994.

Seu governo sofreu as consequências das investigações da CPI do Congresso Nacional, devido às denúncias de irregularidades na elaboração do Orçamento da União, sem abalar, contudo, sua autoridade de presidente. Recebeu um país traumatizado pelo processo de destituição do presidente e procurou administrá-lo com equilíbrio. Seu índice de popularidade ficou entre os mais altos da República.

Foi eleito governador de Minas Gerais em 1998 e, assim que tomou posse, decretou a moratória do estado, atitude considerada controversa e que piorou a crise econômica nacional. Terminando seu mandato em 2003, passou a ser embaixador do Brasil na Itália.

J

Jack Welch – doutor em engenharia química, nascido em Salem, Massachusetts, Estados Unidos. Começou sua carreira de grande executivo na General Electric (GE), em 1960. Considerado um mestre do planejamento estratégico, fez com que a GE se tornasse uma das primeiras colocadas em tudo o que produzia.

Tornou-se um dos mais respeitados e influentes líderes de negócios dos Estados Unidos ao transformar um gigante industrial em uma organização empresarial flexível.

Joan M. Amat Salas – professor e consultor de empresas na Espanha. É coautor da obra *Controle de gestão: uma abordagem contextual e organizacional*, também escrita por Josir Simeone Gomes.

Josir Simeone Gomes – mestre e doutor em Administração pela Coppead/UFRJ, com pós-doutorado em controle de gestão da Universidade Carlos III, de Madri, Espanha. Dr. Gomes é um dos fundadores e representantes do mestrado de ciências contábeis da Uerj.

Autor dos livros *Controle de gestão: uma abordagem contextual e organizacional* – também escrito por Joan Salas –, *Contabilidade para MBAs: textos e casos*, e *O método de estudo de casos: textos e casos*.

L

Lawrence Jeffrey Gitman – especialista em finanças, lecionou em diversas universidades dos Estados Unidos, atuando também como presidente do Instituto de Executivos Financeiros de San Diego.

Escreveu livros importantes no meio acadêmico, como *Administração financeira* e *Princípios de administração financeira*.

Lei Sarbanes-Oxley – lei promulgada em julho de 2002, nos Estados Unidos, pelos senadores Paul Sarbanes e Michael Oxley, em reação aos escândalos de fraudes contábeis em grandes empresas como Enron e WorldCom, que acabaram por afetar a credibilidade do mercado americano de ações. Também é conhecida pelas iniciais SOX.

O objetivo dessa lei é aperfeiçoar os controles financeiros das empresas, evitando fraudes em balanços financeiros. No Brasil, essa lei se aplica às empresas com ações negociadas nos mercados de capitais dos Estados Unidos.

Liquidez corrente – divisão entre ativo e passivo circulantes. Na análise financeira de uma empresa, é o valor referente ao quanto que esta empresa tem a receber a curto prazo em relação a cada unidade monetária que deve pagar no mesmo período. Quando uma empresa está em dificuldades, seu passivo tende a se elevar mais rapidamente do que seus ativos. Consequentemente, sua liquidez será menor.

Lucro antes dos juros e imposto de renda (Lajir) – Valor obtido antes do abatimento dos custos financeiros e tributários. O mesmo que Ebitda ou Lajida.

Lucro antes do imposto de renda (Lair) – lucro obtido pela empresa após o pagamento dos custos fixos e variáveis e dos juros dos financiamentos, porém antes do pagamento do imposto de renda e dos dividendos.

Lucro bruto – resultado da atividade de venda de bens ou serviços, que constitui objeto da pessoa jurídica.
Corresponde à diferença entre a receita líquida das vendas e serviços e o custo dos bens e serviços vendidos. Em outros termos, trata-se da diferença positiva das receitas menos os custos.

Lucro líquido – saldo resultante após a dedução do imposto de renda e diversas participações sobre o lucro bruto.

Coleção Gestão financeira

Luiz Inácio Lula da Silva – ex-líder sindical, nascido em 27 de outubro de 1945, no interior de Pernambuco. Foi segundo suplente, primeiro-secretário e presidente do Sindicato dos Metalúrgicos de São Bernardo do Campo e Diadema.

Fundou o Partido dos Trabalhadores (PT), junto com outros sindicalistas, intelectuais, políticos e representantes de movimentos sociais. Participou como candidato à Presidência da República de diversas eleições diretas, tendo sido candidato em todos os pleitos. Conquistou a vitória eleitoral para presidente em 2002 e foi reeleito, no segundo turno, em outubro de 2006.

M

Macroambiente – considerado um ambiente genérico e comum a todas as organizações, independentemente de seu setor de atuação. As forças que atuam no macroambiente podem ser demográficas, econômicas, naturais, tecnológicas, políticas e culturais, podendo vir a gerar questões ou assuntos públicos.

Margem de contribuição – também chamada de contribuição marginal, trata-se da diferença entre a receita total – vendas – da empresa e seus custos e despesas variáveis.

Podemos entender ainda que a margem de contribuição é a parcela da receita total que ultrapassa os custos e despesas variáveis e que contribuirá para cobrir as despesas fixas e também formar o lucro. Assim, $mc = r - (cv + dv)$.

Margem de contribuição negativa – preço de venda inferior aos custos e despesas variáveis de um produto ou serviço.

Markup – aplicação de um percentual sobre o custo de produção ou operação. O percentual de *markup* é, geralmente, aplicado sem um embasamento mais profundo.

Market share/**fatia de mercado** – percentual entre o que a empresa vendeu de determinada categoria de produto ou serviço e o que todas as empresas do setor venderam – mercado total. Razão entre as vendas de uma empresa e o mercado total.

Master of Business Administration (**MBA**) – grau acadêmico considerado, no Brasil, em nível de especialização, destinado a administradores e executivos na área de gestão de empresas.

MCI Inc. – companhia de telecomunicações americana. Atual Verizon Business, resultado da fusão das empresas MCI Inc. e WorldCom. Já foi proprietária da Embratel.

Measuring performance in the organization of the future – estudo realizado pelo Instituto Nolan Norton, cujo título poderia ser traduzido em português para "Medindo desempenho em organizações do futuro". Surgiu, em 1990, como base para o desenvolvimento do *balanced scorecard* e com o intuito de avaliar até que ponto os executivos das empresas se sentiam seguros com os métodos existentes de avaliação do desempenho empresarial.

O desenvolvimento desse estudo partiu do princípio de que os métodos existentes de avaliação empresarial, apoiados principalmente nos indicadores contábeis e financeiros, eram insuficientes e tornavam-se cada dia mais obsoletos. Segundo Kaplan e Norton (1997), o *balanced scorecard* traduz a missão e a estratégia das empresas em um conjunto abrangente de medidas de desempenho que serve de base para um sistema de medição e gestão estratégica.

Michael Oxley – político norte-americano do Partido Republicano. Trabalhou como delegado pelo IV Distrito Congressional de Ohio e propôs, juntamente com Paul Sarbanes, a Lei Sarbanes-Oxley.

Microambiente – constituído pelas forças próximas à empresa que afetam sua habilidade de servir o cliente, por exemplo, a própria empresa, os fornecedores, os mercados consumidores e os concorrentes.

Microsiga – empresa brasileira de desenvolvimento de tecnologia e *software*. É considerada a maior empresa de *softwares* destinados à gestão empresarial da América Latina. Seus *softwares* destinam-se a automatizar e gerenciar processos, tais como finanças, recursos humanos, logística, manufatura, CRM, etc. Tem como principal produto o *software* denominado *ERP Protheus*.

Microsoft Office Excel – aplicativo desenvolvido pela Microsoft que trabalha com planilhas eletrônicas e, por meio dessas, permite a realização de cálculos – a partir de fórmulas e funções –, construção de gráficos, entre outras ferramentas que facilitam a análise de dados. O *Excel* é um dos mais populares aplicativos de escritório utilizados atualmente.

Missão – razão de existir de uma organização, que constitui seus valores e objetivos. É um compromisso estabelecido que deverá ser cumprido. A missão faz parte da estratégia e é uma importante ajuda para a unificação e a motivação dos membros de uma entidade.

Mix – composto de ativos pertencentes a diversas classes, tais como renda fixa, renda variável, câmbio, etc. Mistura; conjunto composto por vários projetos, produtos e serviços diferentes.

Modelo de preço de transferência baseado no mercado – método fundamentado na noção de preços, o modelo em questão adota os preços vigentes no mercado para valorização dos bens e serviços passíveis de transferência entre as divisões da empresa.

Modelos preditivos ou modelos de predição – cenários de situações futuras, formulados a partir da consideração de variáveis por cálculos matemáticos.

Monopólio – forma de organização do mercado em que uma empresa domina a oferta de determinado produto ou serviço que não pode ser substituído. A legislação da maioria dos países proíbe o monopólio, com exceção dos exercidos pelo Estado, geralmente, em produtos e serviços estratégicos. Um exemplo de monopólio é o da Petrobras, no ramo da

Controladoria

exploração de petróleo, visto que não há outras empresas que sejam capazes de influenciar no preço do mercado.

N

Navision – sistema licenciado da Microsoft que permite a automatização dos processos de gestão financeira, da cadeia de suprimentos, manufatura, serviços e de relacionamento com clientes por meio da integração dos dados mais relevantes de uma empresa.

Neófito – termo oriundo do latim *neophytus*, que pode ser traduzido por *recém-convertido ao cristianismo*; *cristão-novo*. Dessa forma, entende-se *neófito* também por aquele que é iniciante em qualquer ofício ou disciplina; novato. No contexto empresarial ou financeiro, aquele que acabou de ser admitido em uma empresa.

O

O Globo – jornal diário de notícias, fundado em 1925 e sediado no Rio de Janeiro. Sua linha editorial está orientada para o público de massas da área metropolitana.

Fundado por Irineu Marinho, que, proprietário do vespertino *A Noite*, pretendia criar um diário matutino para expandir seu número de leitores. Acabou sendo o carro-chefe da empresa. Herdado por seu filho, Roberto Marinho, o jornal deu início à formação do que passou a se chamar Organizações Globo.

Operational expenditure **(Opex)/orçamento operacional** – cálculo referente a despesas departamentais, encargos sociais e demais custos com manutenção de dispositivos e equipamentos, ou seja, o capital utilizado para manter ou melhorar os bens físicos de uma empresa. Os orçamentos operacionais podem ser baseados em gráficos que apresentam itens financeiros e temporais.

Coleção Gestão financeira

Oracle E-business Suite – conjunto completo de aplicativos de negócios que permite gerenciar interações com os clientes, fabricar produtos, fazer remessa de pedidos, cobrar pagamentos de maneira eficiente e muito mais – tudo a partir de um sistema de negócios que compartilha uma única base tecnológica.

Outcome – resultado ou efeito de uma ação ou evento.

P

Passivo – demonstrativo das dívidas da empresa com fornecedores, empregados, governo e bancos. É o conjunto das contas, ou seja, exigibilidades mais patrimônio líquido.

Patrimônio líquido – valor contábil pertencente aos acionistas ou sócios da empresa. Em sentido contábil, expressa o valor líquido pertencente aos acionistas ou aos proprietários da empresa. Algebricamente, resulta de ativo menos passivo.

Paul Sarbanes – democrata e ex-senador representante do Estado de Maryland. Foi o senador que permaneceu por mais tempo, na história de Maryland, no cargo, tendo servido de 1977 até 2007. Ele não tentou a reeleição em 2006 e foi, então, substituído por Ben Cardin. Era conhecido por seu estilo retraído, frequentemente evitando ficar em evidência em seus 30 anos de carreira como senador. Propôs, juntamente com Michael Oxley, a Lei Sarbanes-Oxley.

Período inflacionário – segundo Houaiss, período de desequilíbrio que se caracteriza por uma alta substancial e continuada no nível geral dos preços, concomitante com a queda do poder aquisitivo do dinheiro, que é causado pelo crescimento da circulação monetária em desproporção com o volume de bens disponíveis.

Pesquisa de mercado – trabalho realizado com o intuito de traçar o perfil do possível cliente, as facilidades e dificuldades que serão encontradas pelo produto até que seu consumo seja consolidado no mercado.

A análise do perfil do consumidor deve ser uma constante, devido ao dinamismo de suas atitudes. Por conta desse dinamismo, há dois tipos de pesquisa:

- pesquisa de hábitos e atitudes – fornecimento de informações sobre os hábitos de consumo, o grau de envolvimento dos consumidores com os produtos, e o conhecimento e a imagem das marcas e os critérios de escolha dos clientes;
- pesquisa qualitativa – visa compreender as necessidades, motivações e comportamentos dos consumidores. É constituída de questionário, com maior complexidade e profundidade dos seus métodos de análise.

Petrobras – companhia criada em 1953 com o objetivo de executar as atividades do setor de petróleo no Brasil em nome da União. Ao longo do tempo, tornou-se líder em distribuição de derivados no país, em um mercado competitivo fora do monopólio da União, colocando-se entre as maiores empresas petrolíferas na avaliação internacional.

Planejamento estratégico – metodologia gerencial de formular estratégias que permitem estabelecer a direção a ser seguida pela empresa, visando ao maior grau de interação com o ambiente e ao alcance dos objetivos planejados.

O planejamento estratégico é uma das funções da administração estratégica. Enquanto esta está mais para a visão de floresta, o planejamento estratégico está mais para a visão de árvore.

Os produtos do planejamento estratégico incluem diretrizes amplas e gerais, como mercados a serem buscados.

Preço de transferência – preço praticado na compra e venda de bens, direitos e serviços entre partes relacionadas. Em razão das circunstâncias peculiares existentes nas operações realizadas entre empresas vinculadas, esse preço pode ser artificialmente estipulado e, consequentemente, divergir do preço de mercado negociado por empresas independentes, em condições análogas.

Preço de transferência gerencial – perspectiva do conceito de preço de transferência. É o valor definido em termos monetários para registrar a transferência de bens e registros realizada entre os centros de responsabilidades de uma empresa.

Princípio da *accountability* – fundamento que rege e determina a obrigação de uma organização ou ocupantes de cargos públicos prestarem contas da legitimidade de seus atos perante a sociedade ou os clientes. Também é conhecido como *princípio da responsividade*.

Public Company Accounting Oversight Board (PCAOB) – órgão não governamental e independente, sem fins lucrativos, localizado nos Estados Unidos e estabelecido pela legislação Sarbanes-Oxley. É constituído por membros de diversas funções profissionais por tempo integral, interessados nos relatórios contábeis.

Tem a finalidade de supervisionar processo de auditoria, interferindo diretamente em práticas adotadas pelos auditores independentes, na qualidade dos controles internos das companhias e na regulamentação de questões éticas e normas contábeis.

Q

***Quality gap/gap* de desempenho** – diferença entre a expectativa para os resultados de um processo de produção, segundo os padrões adotados, e os resultados reais deste processo.

R

Receita – quantia recebida, arrecadação, rendimento de uma empresa. Pode ser receita *bruta* ou *líquida*. A *receita bruta* é o conjunto de rendimentos de uma empresa, renda e ganho com as vendas de seus bens, produtos ou serviços. *Receita líquida* é a receita que fica para a empresa após o pagamento dos custos operacionais fixos, dos custos variáveis e impostos.

Controladoria

Receita bruta – produto da venda de bens e serviços, preço dos serviços prestados e resultado de operações em conta alheia, não incluídas as vendas canceladas e os descontos concedidos. Ocorre no período contábil em que se realiza – quando os artigos são enviados ao cliente –, e não no pedido ou no contrato. A data de registro da receita de vendas é a da remessa ao cliente ou da fatura.

Receita líquida – receita bruta menos os impostos incidentes sobre as vendas, as devoluções de produtos e os descontos.

Recursos humanos – equipe do projeto, membros do projeto ou pessoal do projeto – são pessoas com responsabilidades e papéis designados para o projeto. Área de uma empresa destinada a cuidar da situação dos funcionários em todos os níveis, considerando suas condições de trabalho.

Reinaldo Guerreiro – professor titular da Universidade de São Paulo (USP) e da *Revista de Contabilidade e Finanças* da USP, diretor e pesquisador da Fundação Instituto de Pesquisas Contábeis Atuariais e Financeiras (Fipecafi/FEA-USP).

Conselheiro da Fundação do Desenvolvimento Administrativo, membro do corpo editorial das *Organizações & Sociedade* e da *Brazilian Business Review* e membro de comissão da Fundação Coordenação de Aperfeiçoamento de Pessoal de Nível Superior. Possui experiência na área de administração, com ênfase em ciências contábeis.

Graduou-se em ciências contábeis pela USP e obteve mestrado e doutorado em controladoria e contabilidade pela USP. Escreveu as obras *A meta da empresa* e *Gestão do lucro*.

Relatório financeiro – exposição detalhada e circunstanciada resultante de observação e acompanhamento dos fatos de ordem financeira ocorridos em uma empresa em determinado período por uma pessoa ou grupo de pessoas especialmente designados.

Resultado líquido – lucratividade sobre a receita de uma empresa, valor concernente à margem de contribuição, deduzidos os valores correspondentes aos gastos fixos e despesas financeiras mensais.

Resultado operacional – montante proveniente de atividades que constituem as operações normais da empresa. Por exemplo, uma fábrica de automóveis tem um resultado operacional pela venda dos seus automóveis.

Resultado positivo – montante proveniente do resultado financeiro – derivado das atividades que envolvem os recursos colocados na empresa por meio de terceiros e dos próprios sócios – ou do resultado operacional. O resultado positivo entre entradas e saídas de caixas operacionais pode ser usado para dar suporte às atividades de investimento e financiamento.

Risco Brasil – medida comparativa de análise do Brasil em relação a outros países para facilitar a decisão do investidor de trazer recursos para investir em ações ou títulos brasileiros ou na produção dentro de nosso país.

Risco país – indicador que tenta determinar o grau de instabilidade econômica de cada país e sua atratividade para receber investimentos externos.

Robert S. Kaplan – bacharel e mestre em engenharia elétrica pelo Massachussets Institute of Technology (MIT) e PhD em operações de pesquisa pela Universidade de Cornell. Em seu currículo, encontra-se sua atuação como professor de Desenvolvimento de Liderança na Escola de Administração da Universidade de Harvard. Uniu-se à Harvard em 1984, após passar 16 anos na Faculdade de Administração Industrial (GSIA), da Universidade Carnegie-Mellon, onde foi decano de 1977 a 1983.

S

Saída – produto, resultado ou serviço gerado por um processo. Pode ser um dado necessário para um processo sucessor.

Saída do sistema empresa – produto, serviço, todo resultado do processo de transformação de um insumo. Trata-se do fluxo ou força gerada pela operação do sistema.

Saúde Animal – portal de conteúdo e serviços agregados na área de saúde, manejo, criação dos animais domésticos e selvagens, o *site Saúde Animal* foi criado em novembro de 1997 a fim de auxiliar no cuidado do animal de estimação e possibilitar o fornecimento de informações e esclarecimento de dúvidas de uma maneira rápida sobre os animais.

Uma de suas principais estratégias é facilitar o contato entre os criadores e todo o setor na área animal, desenvolvendo uma comunidade participativa e interessada no assunto, focando em educar a população e os criadores sobre os cuidados e a saúde dos animais domésticos, com enfoque especial nos tópicos: nutrição, manejo, prevenção de doenças, criação, espécies e prestadores de serviços.

Scorecard – sistema de fornecimento de informações sobre o desempenho dos negócios no âmbito geral de uma empresa. Proporciona uma visão geral do negócio, além de uma visão intuitiva e oportuna dos dados estratégicos, operacionais e financeiros.

Scorecard **corporativo** – ferramenta utilizada na gestão estratégica que permite uma avaliação do desempenho de uma organização. Busca o alinhamento das unidades de negócios e dos recursos financeiros e físicos aos valores, às crenças e à estratégia global da empresa.

Por meio da implantação de um *scorecard* corporativo, promove-se a sinergia entre todas as unidades de negócio, gerando maior valor para a empresa.

Securities and Exchange Comission (SEC) – Comissão de Valores Mobiliários dos Estados Unidos.

Serasa – banco de dados sobre consumidores, empresas e grupos econômicos do país, a Serasa (Centralização dos Serviços dos Bancos S.A.) é uma organização especializada em análises e informações para decisões de crédito e apoio a negócios. Com mais de 3 milhões de consultas por dia, a empresa atua com completa cobertura nacional e internacional e, atualmente, é certificada como empresa de classe mundial.

Sistema contábil – principal instrumento para demonstrar a quitação de responsabilidades que decorrem da *accountability* (responsabilidade de prestar contas ou uma obrigação de se fazer transparente) da empresa e seus gestores, suportada pelas teorias da decisão, mensuração e informação.

Sistema de custeio – critério por meio do qual os custos são apropriados à produção. Pode ser classificado quanto à natureza do processo produtivo e quanto ao tipo de custo escolhido.

Sistema de custeio tradicional – sistema que atende aos requisitos legais e societários – também denominado sistema de custeio por absorção –, que apropria aos produtos todos os custos fixos e variáveis.

Apesar de ainda ser utilizado por muitas empresas, o referido sistema não é o mais adequado para gerar informações aos gestores para a tomada de decisão, pois adota uma aplicação considerada simplista.

Sistema SAP – *software* de gestão empresarial, criado pela empresa alemã Systeme, Anwendung und Programme (Sistemas, Aplicações e Produtos). O nome oficial do *software* é R/3, embora seja mais conhecido como SAP, que é também a sigla de empresa. Integra as informações de todas as áreas de uma organização, de modo que sejam compartilhadas em tempo real, de maneira segura e confiável.

Software – parte lógica de uma máquina, ou seja, os dados, as rotinas e os programas desenvolvidos para computadores. O conceito de *software* é contraposto ao de *hardware* – parte física da máquina.

Subsídio – diferença entre os preços de mercado dos bens e serviços e os preços efetivamente cobrados pela empresa ao consumidor. Em geral, o subsídio é financiado com dinheiro público.

Controladoria /

T

Taxa de dólar – índice de variação dos valores de mercado. Utilizado, entre outros, como o sinal que o investidor mais leva em conta para análise da expectativa de retorno de investimentos.

Taxa de inflação – Taxa média de elevação dos preços de produtos e serviços. O índice de preços relaciona o nível dos preços em determinado ano com outro no ano base. O valor do índice do ano base é sempre considerado igual a 100. A percentagem de mudança no índice de um ano para outro posterior indica a taxa de inflação para um ano particular.

Taxa de retorno – retorno efetivo recebido por um investidor referente a um valor investido.

Taxa de retorno sobre o patrimônio líquido – em inglês, *return on equity* (ROE). Taxa de rentabilidade oferecida ao capital próprio. É o quociente entre o resultado líquido e o patrimônio líquido médio mantido pela empresa no exercício.

Telmex – principal operadora de telefonia do México. Atual controladora da Embratel e da Claro.

Top-down – literalmente, *de cima para baixo*. Nas ciências exatas, expressão que designa o método em que se avalia um problema como um todo. Só depois consideram-se as partes, os detalhes. Na administração, denomina o método administrativo em que as decisões são tomadas no nível hierárquico mais alto e, posteriormente, chegam ao nível operacional.

Turnover – nível de rotatividade dos funcionários que trabalham em determinada empresa.

V

Vale – maior empresa de mineração diversificada das Américas e líder mundial no mercado de minério de ferro e pelotas. Presente em 14 estados brasileiros e em cinco continentes, opera mais de 9 mil quilômetros de malha ferroviária e 10 terminais portuários próprios.

Passou, em 2008, por uma mudança de marca, por meio da qual deixou de ser Companhia Vale do Rio Doce e tornou-se, simplesmente, Vale.

Valor inferior – cobrança de ágio (por exemplo, preço de mercado) negociada por empresa detentora de um produto que esteja escasso.

Valor presente (VP)/*present value* (PV) – forma de expressar o montante ajustado em função do tempo a transcorrer entre as datas da operação e do vencimento, de crédito ou obrigação de financiamento, ou de outra transação usual da entidade, mediante dedução dos encargos financeiros respectivos, baseando-se na taxa contratada ou na taxa média de encargos financeiros praticada no mercado.

Valor superior – deságio negociado por empresa (preço abaixo do valor de mercado) detentora de produtos ociosos.

Vantagem competitiva – procedimento que confere um diferencial à empresa diante do mercado, como preservar a lealdade do cliente, atrair novos consumidores, manter os produtos atualizados e com ciclos de vida cada vez menores e direcionar os gastos dentro de sua organização e fora dela, com os fornecedores.

Vijay Govindarajan – professor da Tuck School of Business, da Dartmouth University, e autor dos *best-sellers Os 10 mandamentos da inovação estratégica, The quest for global dominance* e *Strategic cost management.*

Considerado um dos maiores especialistas em estratégia do momento, ocupa o cargo de *chief innovation consultant* da General Electric. Presta consultoria também para empresas como Boeing, British Telecom, Ford, Hewlett-Packard, J.P. Morgan Chase, *The New York Times*, Sony, Home Depot, Johnson & Johnson e Wal-Mart.

Visão empresarial – resumo dos objetivos, metas, aspirações e filosofias da empresa. A visão tem de funcionar como a personalidade da empresa.

Controladoria

Visão holística – visão que equivale a se ter uma imagem única e sintética de todos os elementos da empresa. Olhar a organização como um todo, não em partes – a área de marketing não atua em conjunto com a área de finanças.

Autoavaliações – Gabaritos e comentários

Controladoria

Módulo I – Sistemas de controle gerencial

Questão 1:

Gabarito: d

a) buscar eficiência da companhia, criando mecanismos de aumento na produtividade.

b) verificar se as atividades planejadas são realizadas de forma correta, solucionando possíveis disparidades.

c) criar, elaborar e desenvolver projetos que vão elevar a rentabilidade da empresa e maximizar o retorno para os acionistas.

d) projetar, atualizar e garantir a eficiência e a confiabilidade dos mecanismos que darão suporte à implantação da estratégia.

Comentários:

A área de controladoria tem o objetivo fundamental de aferir se as estratégias formuladas pela alta gerência da empresa estão se operacionalizando ou não, por meio dos mecanismos de controle desenhados, implantados e atualizados por ela.

Questão 2:

Gabarito: b

a) decidir sobre a execução da estratégia.

b) a responsabilidade de projetar os mecanismos de controle.

c) decidir sobre as questões de maior impacto na evolução do negócio.

d) a responsabilidade tão somente de elaborar relatórios financeiros sobre a performance da empresa.

Coleção Gestão financeira

Comentários:

A função de controladoria está ligada aos mecanismos de controle, que são fonte de acompanhamento quanto à execução das atividades de forma efetiva, transformando as estratégias em realidade. A tomada de decisões não compete à controladoria, visto ser responsabilidade dos gestores, aos quais será imputado qualquer tipo de bônus quanto ônus.

Questão 3:

Gabarito: b

a) o processo pelo qual os executivos influenciam a gerência a atuar em conformidade com os princípios éticos da companhia.

b) o processo pelo qual os executivos influenciam outros membros da organização a obedecer às estratégias adotadas pela empresa.

c) a centralização do controle nas mãos dos gerentes mais seniores, para que as decisões ocorram de forma mais rápida, levando a empresa a um diferencial competitivo.

d) o contínuo acompanhamento de atividades executadas na empresa, para que apresentem os mais altos padrões de qualidade, levando a organização a uma vantagem competitiva.

Comentários:

O controle gerencial é o *meio de campo* entre a formulação das estratégias e a execução das atividades, ou seja, a alta gerência elabora as estratégias da empresa – formulação das estratégias – e espera que as atividades sejam executadas de forma alinhada com essas estratégias, sendo o papel do controle gerencial criar mecanismos de controle para que as estratégias se operacionalizem.

Questão 4:

Gabarito: a

a) **toda a responsabilidade deve, necessariamente, estar acompanhada de autoridade e adequada remuneração.**
b) os altos executivos devem ser guiados de modo que elejam os responsáveis pelo desenvolvimento estratégico da empresa.
c) a forma de operacionalizar uma estratégia deve ser detalhada de modo que siga os mais altos padrões de acurácia e integridade.
d) todo gestor deve ser criminalmente responsável, ao ser apontado pela alta gerência como executor de determinada tarefa, sobre qualquer desvio na execução dessa.

Comentários:

Accountability significa que não se pode cobrar pela prestação de contas de um representante da empresa se este não tiver autoridade, poder ou influência suficientes para desempenhar suas responsabilidades e caso ele não acredite que é adequadamente recompensado por desempenhar suas responsabilidade. Ou seja, devemos nos assegurar de que ele sabe o que tem de fazer, consegue fazê-lo e tem uma boa razão para querer fazê-lo.

Questão 5:

Gabarito: a

a) **nem sempre vem acompanhado de crescimento de resultado.**
b) é vital para que uma empresa alcance maior geração de caixa.
c) sempre vem acompanhado de um maior nível de inadimplência.
d) é vital para que uma empresa tenha sólidos indicadores financeiros.

Comentários:

Uma empresa pode estar em forte crescimento, até mesmo acima da média de mercado, o que é refletido em sua receita, mas isto pode estar impactando de forma negativa seu resultado operacional. Por exemplo, uma companhia pode estar em forte crescimento de vendas, mas se não são observados os custos associados a este aumento, como o nível de inadimplência, ela pode inclusive falir.

Questão 6:

Gabarito: a

a) **eficácia significa entregar o resultado esperado, e eficiência representa fazer as coisas de forma correta.**

b) eficiência é efetuar as atividades gastando o mínimo de tempo, e eficácia é obter a maior receita possível.

c) eficiência é fazer as coisas da forma correta, e eficácia é obter maiores retornos para os acionistas do que os de seus competidores.

d) eficácia significa entregar mercadorias antes da data combinada, causando encantamento no cliente, e eficiência representa ter gastos abaixo da média.

Comentários:

Eficiência é fazer certo as coisas, otimizando recursos. A eficiência está relacionada com as entradas no sistema. Se, ao produzirmos uma TV de 29 polegadas, com som estéreo, o custo estimado é de R$ 200, e ao produzi-la, gastamos até esse limite, fomos eficientes. Eficácia é fazer as coisas certas, está relacionada com as saídas do sistema. Se um cliente nos compra uma TV de 29 polegadas, com som estéreo, e entregamos a ele exatamente o que nos foi solicitado, fomos eficazes.

Controladoria /

Questão 7:

Gabarito: b

a) projetar sistemas de controle, preparar demonstrações e relatórios financeiros e não financeiros, e supervisionar os procedimentos da auditoria de qualidade.

b) projetar sistemas de controle, preparar demonstrações e relatórios financeiros e não financeiros, e supervisionar os procedimentos contábeis e da auditoria interna e externa.

c) elaborar a estratégia da companhia, preparar demonstrações e relatórios financeiros e não financeiros, e supervisionar os procedimentos contábeis e da auditoria interna e externa.

d) preparar demonstrações e relatórios financeiros e não financeiros, supervisionar os procedimentos contábeis e da auditoria interna e externa, e decidir sobre a premiação e punição de funcionários de acordo com a conduta ética de cada um.

Comentários:

De acordo com Anthony e Govindarajan, as funções de *controller* consistem em:

- reunir e operar informações e projetar sistemas de controle;
- preparar demonstrações e relatórios financeiros e não financeiros;
- preparar e analisar relatórios de desempenho e auxiliar outros gerentes na interpretação desses relatórios, analisando programas e propostas de orçamento, bem como consolidar os planos de vários setores da empresa no orçamento anual;
- supervisionar os procedimentos contábeis e da auditoria interna e externa, para assegurar a validade das informações, estabelecer adequadas salvaguardas contra furtos e desfalques, e executar auditorias operacionais;
- desenvolver a capacidade do pessoal de sua área e participar do aperfeiçoamento do pessoal de nível gerencial em assuntos relativos à função de controladoria.

Coleção Gestão financeira

Questão 8:

Gabarito: a

a) funcional, divisional e matricial.
b) funcional, meritocrática e matricial.
c) dependente, semidependente e híbrida.
d) regional, unidade de negócios e matricial.

Comentários:

A estrutura funcional é aquela em que cada executivo é responsável por uma função específica como marketing, produção, finanças, etc. A estrutura divisional é aquela em que cada executivo de unidade é responsável pela maioria das atividades, como parte semi-independente da empresa, funcionando como se existisse várias empresas dentro de uma mesma entidade legal. Estrutura matricial, por sua vez, representa uma estrutura em que as unidades funcionais têm dupla responsabilidade, é a estrutura que usa o conceito de gerente de projetos.

Questão 9:

Gabarito: d

a) o centro de responsabilidades está relacionado à área de produção, enquanto a conta contábil, à controladoria.
b) o centro de responsabilidades está relacionado ao gestor dos gastos da companhia, enquanto a conta contábil, à natureza da conta.
c) a conta contábil está relacionada ao código dado pela matriz da empresa, enquanto o centro de responsabilidades, ao gestor dessas operações.
d) a conta contábil está relacionada à natureza da conta, enquanto o centro de responsabilidades, ao responsável por determinada entrada ou saída de recursos.

Controladoria /

Comentários:

Conta contábil é a representação qualitativa e quantitativa de onde são adquiridos ou aplicados/gastos os recursos da empresa, define a natureza da conta. O centro de responsabilidade é a unidade da empresa da qual um gerente é responsável pelo controle na forma de custos, receitas, resultados ou de retorno sobre investimentos.

Questão 10:

Gabarito: c

a) resultado, custo, Capex e Opex.
b) resultado, custo, RH e produção.
c) custo, receita, resultado e investimento.
d) custo, despesa, resultado e investimento.

Comentários:

Nos centos de custos, os funcionários controlam os custos, mas não controlam receitas ou o nível de investimento. Nos centros de receitas, os participantes controlam receitas, mas não custos de produção ou de aquisição dos produtos ou serviços que vendem. Os participantes controlam, nos centros de resultado, receitas e custos dos produtos ou serviços que produzem, mas não controlam investimentos. Por fim, nos centros de investimentos, os participantes controlam receitas, custos e nível de investimento.

Módulo II – Preços de transferência

Questão 1:

Gabarito: d

a) formamos o preço de transferência usando o preço pago no mercado.
b) apuramos o preço de mercado e depois usamos essa base para formar o preço.
c) formamos o preço de transferência usando o preço médio negociado no mercado.
d) apuramos primeiro o custo, depois formamos o preço colocando uma margem sobre o custo.

Comentários:

Esse modelo funciona exatamente como um método de precificação baseado no custo. Primeiro, apura-se o custo e, depois, coloca-se uma margem sobre o custo. Em situações em que não temos um mercado bem formado dos produtos ou serviços intermediários, uma opção viável é usar preços de transferência baseado em custos.

Questão 2:

Gabarito: d

a) definir o melhor método de custeio a ser usado pela empresa.
b) comparar a eficiência da Lei nº 6.404/76 com a Lei nº 11.638/07.
c) transferir fundos de unidades superavitárias para unidades deficitárias da empresa.
d) entender melhor quais departamentos participam do resultado da empresa de forma positiva ou negativa.

Coleção Gestão financeira

Comentários:

O preço de transferência tem o objetivo de entender a participação de cada unidade no resultado final da empresa, e em que magnitude se deu essa contribuição.

Questão 3:

Gabarito: c

a) um mecanismo de controle que se propõe a comparar o preço entre concorrentes.
b) o preço pelo qual as empresas de capital aberto terão de negociar seus produtos ou serviços.
c) um mecanismo gerencial que se propõe a transformar centros de custo em centros de pseudolucro.
d) o preço pelo qual as empresas terão como base para avaliar os resultados nos centros de investimentos.

Comentários:

O preço de transferência gera receita para a unidade que vende o produto/serviço e custo para a unidade que compra.

Questão 4:

Gabarito: b

a) receitas.
b) resultado.
c) custos disciplinados.
d) custos discricionários.

Comentários:

Nos centros de resultado, confrontamos os gastos, que são uma medida de eficiência, com as receitas, que são uma medida de eficácia. Portanto, nesses centros, podemos medir o lucro, que é uma medida de efetividade – eficiência e eficácia ao mesmo tempo.

Questão 5:

Gabarito: a

a) deve ser aplicado em unidades que são ineficientes.
b) nunca deve ser usado em unidades que são ineficientes.
c) nunca deve ser usado, porque é um método que esconde ineficiências.
d) deve ser sempre usado, porque é o método mais sofisticado de preço de transferência.

Comentários:

O método de preço duplo deve ser aplicado em unidades ineficientes, em que a situação de ineficiência não é responsabilidade do executivo da unidade. O preço duplo é usado apenas em divisões em que a empresa quer proteger por motivos estratégicos.

Questão 6:

Gabarito: c

a) não é possível, porque esses departamentos são centros de custos disciplinados.
b) não é possível, porque esses departamentos são centros de custos discricionários.

Coleção Gestão financeira

c) **é possível, se usarmos sinergicamente o sistema de custeio por atividade e preços de transferência.**

d) é possível, se avaliarmos seu desempenho por meio de orçamentos de gastos esperados comparados com os gastos reais.

Comentários:

Usando simultaneamente preços de transferência e sistema de custeio por atividade, podemos transformar algumas unidades de serviço – discricionárias ou não –, que são tradicionais centros de custos, em centros de pseudolucro.

Questão 7:

Gabarito: b

a) por absorção, por atividade, por custo e negociado.
b) **baseado no mercado, baseado no custo, negociado e duplo.**
c) baseado no mercado, baseado no custo, por absorção e negociado.
d) marginal tributado, duplo, baseado no mercado e baseado no custo.

Comentários:

O preço de transferência baseado no mercado tenta medir a efetividade das divisões por meio da comparação com o mercado. Em situações em que não temos um mercado bem formado dos produtos ou serviços intermediários, uma opção viável é usar preços de transferência baseados em custos. O método do preço negociado funciona muito bem quando existe liberdade de escolha das fontes pelas unidades. E, por fim, temos o modelo de preço duplo que visa fazer uma proteção estratégica da divisão, nesse modelo, formamos o preço baseado em custo, com o conceito de *markup*.

Controladoria

Questão 8:

Gabarito: d

a) parecido com o método do preço duplo.
b) semelhante ao método do preço baseado no custo.
c) parecido com o método do preço orçado por produto.
d) semelhante ao método do preço baseado no mercado.

Comentários:

Esse método trata as divisões como se fossem realmente empresas independentes, negociando entre elas o valor que será vendido o produto ou serviço interno. A ciência está na negociação, porque o processo de apuração é muito semelhante ao método do preço baseado no mercado.

Questão 9:

Gabarito: c

a) criar novos centros de responsabilidade para atender às particularidades desse método.
b) usar o sistema de custeio baseado em atividade como método de custeio para atender às exigências desse método.
c) usar o mesmo sistema contábil da empresa, apenas criando contas contábeis de preços, custos de transferência e contas de subsídio, para os casos de preço duplo.
d) criar um sistema contábil com contas e centros de custos completamente diferentes ao utilizado pela empresa, fazendo grandes adaptações em todo sistema contábil.

Coleção Gestão financeira

Comentários:

Podemos utilizar o mesmo sistema contábil da empresa para usar o mecanismo de preço de transferência, apenas fazendo pequenas adaptações – criando contas de preço de transferência, custo de transferência e subsídio.

Questão 10:

Gabarito: c

a) do resultado das unidades é sempre igual ao resultado da empresa.

b) dos resultados das unidades nunca é igual ao resultado da empresa.

c) **dos resultados das unidades não é igual ao resultado da empresa no preço duplo.**

d) do resultado das unidades não é igual ao resultado da empresa no preço negociado.

Comentários:

No mecanismo de preço duplo, a empresa subsidia o relacionamento entre as unidades, fazendo com que o somatório do resultado das unidades seja maior que o resultado da empresa.

Controladoria /

Comentários:

Aprender a segmentar essas variações na maior quantidade possível de frações é uma ferramenta muito importante para entender melhor quais estratégias negociais deram certo e quais foram ineficientes.

Questão 5:

Gabarito: d

a) diagrama de Pareto e análise de mercado.
b) diagrama de Pareto e análise de regressão.
c) variáveis socioculturais, análise de mercado e análise de desempenho.
d) variáveis macroeconômicas, evolução de mercado e mudança estrutural da empresa.

Comentários:

As variáveis macroeconômicas – inflação e taxas de câmbio –, a evolução do mercado e mudanças estruturais, como aquisição ou fusão de empresas, são elementos essenciais para examinarmos de forma criteriosa a evolução dos relatórios financeiros.

Questão 6:

Gabarito: c

a) não considera variáveis futuras.
b) não considera as variáveis passadas.
c) considera variáveis passadas e futuras.
d) considera apenas as variáveis passadas.

Coleção Gestão financeira

Comentários:

O orçamento deve buscar incorporar tanto variáveis futuras quanto variáveis passadas. Uma das tarefas da controladoria será a de analisar o orçamento, avaliando se as previsões para o futuro se concretizarão e, em caso negativo, analisando as razões que fizeram com que essas previsões (o orçado) fossem diferentes do realizado.

Questão 7:

Gabarito: d

a) dividir o dado passado pelo fator da inflação do período.
b) multiplicar o dado passado pela taxa de juros do período.
c) somar o dado passado com o fator da inflação do período.
d) multiplicar o dado passado pelo fator da inflação do período.

Comentários:

Para verificar se houve crescimento real, multiplicamos o dado passado pelo fator acumulado referente ao período com o qual é feita a comparação. Por exemplo, se desejamos avaliar o crescimento real da receita nominal de uma dada empresa no período de 2011 a 2012, multiplicaremos a receita de 2011 pelo fator relativo a 2012, de forma que a receita nominal nos dois períodos, uma vez descontada a inflação, apresente valores atualizados com referência no poder de compra relativo a 2012.

Questão 8:

Gabarito: d

a) variação de segmento, preço, quantidade, *mix* e variação linear.
b) variação de preço, segmento, quantidade, *mix*, variação constante e linear.

c) variação de segmento, colateral, de quantidade, de quantidade e *mix* combinados, de preço e mista.

d) variação de preço, de quantidade, de *mix*, de quantidade e *mix* combinados, de variação do mercado e variação de *market share*.

Comentários:

Uma eventual diferença entre orçado e realizado pode ser resultante de ações, como a de dar mais ou menos descontos do que o esperado (ou seja, uma variação de preço), vender mais ou menos produtos do que o esperado (variação de quantidade), vender mais ou menos do que o esperado de produtos mais baratos ou mais caros do portfólio (variação de *mix*). A variação de mercado ou a variação de *market share* (participação de mercado) também são exemplos de fatores que podem ocasionar uma diferença entre o orçado e o realizado.

Questão 9:

Gabarito: c

a) da variação de preço multiplicada pela quantidade orçada.
b) da variação de quantidade multiplicada pela variação de preço.
c) produto a produto, da variação de preço multiplicada pela quantidade real.
d) produto a produto, da variação de quantidade multiplicada pelo preço real.

Comentários:

A fórmula para calcularmos esse impacto é assim descrita:

$$\Delta P = \Sigma(Pr - Po) \times Qr$$

Coleção Gestão financeira

Onde:

- ΔP – impacto na receita pela variação de preço;
- Pr – preço real;
- Po – preço orçado;
- Qr – quantidade real.

Questão 10:

Gabarito: d

a) produto a produto, multiplicada pelo preço real.
b) produto a produto, multiplicada pelo preço orçado.
c) total, multiplicada pelo *mix* do produto real e pelo preço orçado.
d) total, multiplicada pelo *mix* do produto orçado e pelo preço orçado.

Comentários:

A fórmula para o cálculo da variação da quantidade é dada da seguinte forma:

$$\Delta Q = \Sigma(QTr - QTo) \times MPo \times Po$$

Onde:

- ΔQ – impacto da receita pela variação da quantidade;
- QTr – quantidade total real;
- QTo – quantidade total orçada;
- MPo – *mix* do produto orçado;
- Po – preço orçado por produto.

Módulo IV – *Balanced scorecard*

Questão 1:

Gabarito: a

a) gestão de pessoas, processos, clientes e resultados.
b) financeira, marketing, recursos humanos e treinamento.
c) processos externos, aprendizado, crescimento e clientes.
d) gestão da qualidade, financiamentos, recursos humanos e clientes.

Comentários:

Entre essas áreas, é esperado que relações do tipo causa-efeito em cascata conduzam a organização para o novo patamar de desempenho. Ou seja, se a organização desenvolver as competências de seus recursos humanos e um clima organizacional para a mudança, é esperado que isso cause um impacto positivo com a melhoria dos processos internos.

Questão 2:

Gabarito: a

a) criação da estratégia.
b) definição dos sistemas de medição.
c) definição dos indicadores de desempenho.
d) criação de um novo patamar de desempenho.

Comentários:

Para a criação da estratégia, a coalizão orientadora deverá considerar o ambiente externo e interno, uma vez que as organizações sofrem influências constantes do macro e microambiente.

Coleção Gestão financeira

Questão 3:

Gabarito: b

a) inovação, agregação de valor e delegação.
b) inovação, operações e serviço pós-venda.
c) delegação, operações e serviço pós-venda.
d) delegação, operações e agregação de valor e serviço.

Comentários:

Os três processos principais que fazem parte da cadeia de valor genérica dos processos internos são inovação, operações e serviço pós-venda. Dessa forma, a organização enfoca não somente a operação, mas a inovação, buscando um diferencial competitivo.

Questão 4:

Gabarito: d

a) mantenha a melhoria de processos existentes e identifique processos inteiramente novos.
b) mantenha a melhoria de processos existentes, mas sem identificação de processos inteiramente novos.
c) alinhe medidas essenciais de resultados relacionados aos processos, mas sem a identificação da proposta de valor.
d) alinhe medidas essenciais de resultados relacionados aos clientes e identifique as propostas de valor dirigidas aos segmentos.

Comentários:

A perspectiva do cliente permite que uma organização alinhe as medidas essenciais de resultados relacionadas aos clientes, tais como sa-

Controladoria /

tisfação, fidelidade, retenção, captação e lucratividade, com segmentos específicos de clientes e de mercado. Permite também uma clara identificação e avaliação das propostas de valor dirigidas aos segmentos.

Questão 5:

Gabarito: a

a) crescimento, sustentação e colheita.
b) processo, desenvolvimento e expansão.
c) crescimento, amadurecimento e sustentação.
d) aumento de produção, desenvolvimento e maturidade.

Comentários:

A primeira fase é o crescimento, em que as organizações se encontram no início de seu ciclo de vida. A segunda fase é chamada de sustentação, em que as organizações conseguem atrair investimentos e reinvestimentos, mas são forçadas a obter excelentes retornos sobre o capital investido. Por último, temos a colheita, momento em que as organizações alcançam a maturidade em seu ciclo de vida.

Questão 6:

Gabarito: c

a) caracterizar a identificação do mercado e dos segmentos em que a organização deseja competir.
b) identificar os processos mais críticos para a realização dos objetivos de seus clientes e acionistas.

\ Coleção Gestão financeira

c) **indicar se a implementação e execução da estratégia contribuem para a melhoria dos resultados financeiros.**

d) indicar se as organizações desenvolvem objetivos e medidas que orientem o aprendizado e o crescimento da organização.

Comentários:

A perspectiva financeira deve indicar se a implementação e a execução da estratégia estão contribuindo para a melhoria dos resultados financeiros, porque não adianta implementar uma estratégia, trabalhar os processos e as pessoas na organização, se isso não for refletido no resultado financeiro, mesmo que seja uma instituição sem fins lucrativos.

Questão 7:

Gabarito: a

a) **grupo de medidas essenciais e impulsionadores dos resultados fornecidos aos clientes.**

b) grupo de medidas de satisfação dos clientes e impulsionadores na participação de mercado.

c) medidas de desempenho dos processos de negócios e diferenciadores da participação do mercado.

d) medidas de desempenho da satisfação dos clientes e diferenciadores de resultados da qualidade percebida.

Comentários:

Esses dois conjuntos de medidas podem, a princípio, parecer genéricos a todas as organizações. Contudo, elas devem ser elaboradas para grupos específicos de clientes, aqueles em que a unidade de negócio espera obter seu maior crescimento e sua maior lucratividade.

Controladoria

Questão 8:

Gabarito: a

a) a insatisfação das expectativas dos acionistas.
b) a geração de bons retornos financeiros aos acionistas.
c) o atração de clientes em segmentos-alvo do mercado.
d) a fidelização de clientes em segmentos-alvo do mercado.

Comentários:

Identificar os processos críticos para a realização dos objetivos financeiros e dos clientes permitirá que se possa oferecer propostas capazes de atrair e manter os clientes em segmentos-alvo do mercado e, além disso, permitirá que os acionistas satisfaçam suas expectativas de retorno financeiro. Portanto, a atração de clientes-alvo irá produzir o resultado financeiro esperado pelos acionistas. Trata-se de uma relação causa-efeito alinhada com as expectativas dos acionistas.

Questão 9:

Gabarito: d

a) clientes, marketing, processos e treinamento.
b) aprendizado, estratégias, processos internos e fornecedor.
c) fornecedor, treinamento, aprendizagem e recursos humanos.
d) financeira, clientes, aprendizado e crescimento, e processos internos.

Comentários:

Por ser um conjunto de indicadores financeiros e operacionais, o BSC traduz o equilíbrio das quatro perspectivas: financeira, do cliente, dos processos internos, e do aprendizado e crescimento. Isso proporciona

Coleção Gestão financeira

à organização, em curto e longo prazos, uma rápida e abrangente visão do negócio.

Questão 10:

Gabarito: b

a) melhor uso dos recursos para alcançar os propósitos previstos.
b) métrica usada para quantificar a eficácia, a eficiência e a efetividade de uma ação.
c) grau de cumprimento dos propósitos inicialmente previstos para uma atividade.
d) grau em que os resultados de um programa ou uma atividade se mantêm no tempo.

Comentários:

Podemos definir indicador como uma forma de quantificar a eficácia, a eficiência e a efetividade de determinada ação. Uma ação será eficaz se contribuir com o alcance do objetivo e poderá ser considerada eficiente à medida que usar menos recursos para atender determinado fim e também à medida que obtiver mais resultados em função de um gasto determinado. Por fim, uma ação será efetiva se for percebida pelo público-alvo ou cliente como positiva.

Bibliografia comentada

ANTHONY, R. N.; GOVINDARAJAN, V. *Sistemas de controle gerencial*. São Paulo: Atlas, 2002.

> Adotado pelas maiores escolas de administração e contabilidade na cadeira de controladoria, o livro aborda os principais conceitos sobre o tema, abordando muito bem as variáveis estratégicas e comportamentais. Repleto de exemplos de mecanismo de controle em renomadas empresas, com vários estudos de caso, é bibliografia indispensável sobre o tema.

ATKINSON, A. A. et al. *Contabilidade gerencial*. São Paulo: Atlas, 1997.

> Esse livro é um clássico no estudo da contabilidade gerencial para quem pretende aplicar os conceitos à prática. Completamente baseado em estudos de casos, reunidos na vasta experiência que os quatro autores têm em consultoria empresarial, o livro relata a aplicação dos conceitos a empresas conhecidas e nos mais diversos ramos de atividades.

HORNGREN, C. T.; SUNDEM, G. L.; STRATTON, W. O. *Contabilidade gerencial*. 12. ed. São Paulo: Pearson Prentice Hall, 2004.

> Esse livro é considerado, por muitos estudiosos do assunto, o mais completo livro de contabilidade gerencial dos últimos tempos. Os três autores abordam os conceitos contemporâneos da contabilidade gerencial por meio da união de um bom arcabouço teórico a estudos de casos bem interessantes. É leitura obrigatória para quem quer se aprofundar no assunto.

KAPLAN, R. S.; NORTON, D. P. *A estratégia em ação*: balanced scorecard. Rio de Janeiro: Campus, 1997.

Os autores mostram como diversas organizações estão utilizando o *balanced scorecard* para orientar o desempenho atual e focalizar o desempenho do futuro. Entre as medidas de desempenho organizacional, destacam-se o desempenho financeiro, o conhecimento do cliente, a aprendizagem organizacional e os processos internos.

_____. *Mapas estratégicos*: convertendo ativos intangíveis em resultados tangíveis. Rio de Janeiro: Elsevier, 2004.

Com linguagem simples, esse livro condensa 12 anos de experiência com *balanced scorecard* com exemplos reais nos mais diversos segmentos.

Autores

Betovem Coura é doutorando em administração pela Universidade da Flórida, mestre em administração de empresas com ênfase em finanças corporativas e mercado de capitais pelo Ibmec e possui MBA em engenharia econômico-financeira pela UFF. É professor do programa de pós-graduação da Fundação Getulio Vargas, tendo lecionado em outras grandes escolas de negócios. Autor de artigos científicos nas áreas de gestão estratégica de custos, contabilidade gerencial e finanças corporativas, tem como área de pesquisa sistemas de controle gerencial. Possui vasta experiência profissional, atuando em multinacional farmacêutica e em banco de investimentos, além de ser sócio da empresa MVCon – Sistemas de Controle Gerencial. É coordenador acadêmico do FGV Management e FGV Online. Coordenador do pós-MBA da FGV em convergência para as normas contábeis internacionais.

Alexandre Pavan Torres é doutor em inteligência organizacional pela Universidade Federal de Santa Catarina (UFSC). Mestre em planejamento de transportes pela Universidade Federal do Rio de Janeiro (UFRJ/Coppe), engenheiro industrial pelo Centro Federal de Educação Tecnológica (Cefet). É coautor dos livros *Administração estratégica: conceitos, roteiro prático e casos*, pela editora Reichmann & Affonso Editores, e *Administração estratégica: conceitos, roteiro prático e casos*, pela editora Insular, juntamente com Maria Candida Sotelino Torres. É ainda coautor do curso a distância *Balanced Scorecard* pelo FGV Online, juntamente com Maria Candida Sotelino Torres. Atualmente, é professor em cursos de pós-graduação do Programa FGV Management da Fundação Getulio Vargas.

FGV Online

Missão

Desenvolver e gerenciar tecnologias, metodologias e soluções específicas de educação a distância, sob a responsabilidade acadêmica das escolas e dos institutos da FGV, no âmbito nacional e internacional, liderando e inovando em serviços educacionais de qualidade.

Visão

Ser referência internacional na distribuição de produtos e serviços educacionais inovadores e de alta qualidade na educação a distância.

Cursos oferecidos

O FGV Online oferece uma grande variedade de tipos de cursos, desde atualizações até especializações e MBA:

- cursos de atualização;
- cursos de aperfeiçoamento;
- graduação;
- MBAs e cursos de especialização;
- soluções corporativas;
- cursos gratuitos (OCWC).

Cursos de atualização

Os cursos de atualização de 30 a 60 horas visam atender ao mercado de educação continuada para executivos. Professores-tutores – capacitados em educação a distância e especialistas na área em que atuam –

orientam os participantes. Vídeos, animações e jogos didáticos auxiliam a apreensão dos conteúdos apresentados nos cursos.

Os cursos de atualização são destinados aos interessados em rever e aprimorar suas atividades profissionais, além de interagir com profissionais da área. São cursos práticos que podem ser aplicados em seu dia a dia rapidamente. Para a realização dos cursos, é recomendável já ter cursado uma graduação.

Os cursos de atualização do FGV Online são veiculados, essencialmente, via internet. A utilização de diversos recursos multimídia fomenta a busca de informações, a reflexão sobre elas e a reconstrução do conhecimento, além de otimizar a interação dos alunos entre si e com o professor-tutor, responsável pelo suporte acadêmico à turma.

O curso tem duração aproximada de nove semanas.

Cursos de aperfeiçoamento

Os cursos de aperfeiçoamento de 120 a 188 horas são voltados para a formação e o desenvolvimento de competências gerenciais estratégicas com ênfases em áreas do conhecimento específicas. Para a realização dos cursos de aperfeiçoamento, é recomendável já ter cursado uma graduação.

Graduação

Os Cursos Superiores de Tecnologia a distância são cursos de graduação direcionados a profissionais que pretendam se apropriar de novas ferramentas e técnicas de gestão.

Considerando que, nos mercados competitivos, só sobrevivem as empresas que contam com a criatividade, a flexibilidade e a eficácia de seus colaboradores, os Cursos Superiores de Tecnologia visam atender tanto às organizações que buscam qualificar seus executivos quanto aos que não conseguem dar continuidade a sua formação, seja por falta de tempo para participar de cursos presenciais, seja porque não existem, na cidade em que residem, instituições de ensino superior.

Os Cursos Superiores de Tecnologia são diplomados pela Escola Brasileira de Administração Pública e de Empresas da Fundação Getulio

Vargas (Ebape/FGV). O diploma dos Cursos Superiores de Tecnologia, realizados a distância, contempla as mesmas especificações e tem idêntico valor ao dos diplomas das graduações presenciais.

MBAs e cursos de especialização

Tendo como pré-requisito o diploma de graduação, os MBAs e cursos de especialização a distância destinam-se a executivos que desejam se especializar em suas áreas de atuação, aliando conhecimento e *networking* profissional para acompanhar as frequentes mudanças no competitivo mercado de trabalho.

A metodologia do curso contempla, além do trabalho com diferentes ferramentas de internet, encontros presenciais, realizados em polos espalhados por todas as regiões do Brasil.

As disciplinas do curso são elaboradas por professores da FGV, enquanto os professores-tutores discutem o conteúdo, orientam atividades e avaliam trabalhos dos alunos no ambiente virtual de aprendizagem, via internet.

Os MBAs e cursos de especialização do FGV Online têm, no mínimo, 360 horas, e apresentam opções em diversas áreas de conhecimento:

- MBA Executivo em Administração de Empresas com ênfase em Gestão;
- MBA Executivo em Administração de Empresas com ênfase em Meio Ambiente;
- MBA Executivo em Administração de Empresas com ênfase em Recursos Humanos;
- MBA Executivo em Direito Empresarial;
- MBA Executivo em Direito Público;
- MBA Executivo em Finanças com ênfase em *Banking*;
- MBA Executivo em Finanças com ênfase em Controladoria e Auditoria;
- MBA Executivo em Finanças com ênfase em Gestão de Investimentos;
- MBA Executivo em Gestão e *Business Law*;
- MBA Executivo em Gestão Pública;
- MBA Executivo em Marketing;
- Especialização em Administração Judiciária;
- Especialização em Gestão da Construção Civil;

Coleção Gestão financeira

- Especialização em Gestão de Pequenas e Médias Empresas;
- Especialização em Negócios para Executivos – GVnext.

O MBA Executivo em Administração de Empresas é certificado, pela European Foundation for Management Development (EFMD), com o selo CEL, que avalia e certifica a qualidade dos programas das escolas de negócios.

Além dessas opções, o FGV Online possui dois MBAs internacionais: o MBA Executivo Internacional em Gerenciamento de Projetos (em parceria com a University of California – Irvine) e o Global MBA (em parceria com a Manchester Business School), que são programas destinados a executivos, empreendedores e profissionais liberais que, precisando desenvolver suas habilidades gerenciais, querem uma exposição internacional sem precisar sair do país.

Soluções corporativas

Definidas em parceria com o cliente, as soluções corporativas do FGV Online possibilitam que os colaboradores da empresa – lotados em diferentes unidades ou regiões, no país ou no exterior – tenham acesso a um único programa de treinamento ou de capacitação.

É possível ter, em sua empresa, todo o conhecimento produzido pelas escolas e unidades da FGV, na forma de educação a distância (*e-learning*). São soluções e produtos criados pela equipe de especialistas do FGV Online, com o objetivo de atender à necessidade de aprendizado no ambiente empresarial e nas universidades corporativas.

Os cursos corporativos do FGV Online são acompanhados por profissionais que, responsáveis pelo relacionamento empresa-cliente, elaboram todos os relatórios, de modo a registrar tanto todas as etapas do trabalho quanto o desempenho dos participantes do curso.

Cursos gratuitos (OCWC)

A Fundação Getulio Vargas é a primeira instituição brasileira a ser membro do OpenCourseWare Consortium (OCWC), um consórcio de instituições de ensino de diversos países que oferecem conteúdos e materiais didáticos sem custo, pela internet.

O consórcio é constituído por mais de 300 instituições de ensino de renome internacional, entre elas a Escola de Direito de Harvard, o Instituto de Tecnologia de Massachusetts (MIT), a Universidade da Califórnia (Irvine) e o Tecnológico de Monterrey, entre outras, provenientes de 215 países.

Atualmente, o FGV Online oferece mais de 40 cursos gratuitos – há programas de gestão empresarial, de metodologia de ensino e pesquisa, cursos voltados a professores de ensino médio, um *quiz* sobre as regras ortográficas da língua portuguesa, entre outros –, sendo alguns deles já traduzidos para a língua espanhola. A carga horária dos cursos varia de cinco a 30 horas.

Membro do OCWC desde julho de 2008, o FGV Online venceu, em 2011, a primeira edição do OCW People's Choice Awards – premiação para as melhores iniciativas dentro do consórcio –, na categoria de programas mais inovadores e de vanguarda. Em 2012, o FGV Online venceu, pelo segundo ano consecutivo, dessa vez na categoria de recursos mais envolventes.

Para saber mais sobre todos os cursos do FGV Online e fazer sua inscrição, acesse <www.fgv.br/fgvonline>.